本书为 2020 年度北京外国语大学"双一流"重大标志性项目

"多语种讲中国"(项目批准号 2020SYLZDXM034)建设成果

——"多语种讲中国"之中国文化系列

总 主 编：赵 刚
副总主编：苏莹莹 李洪峰
　　　　　林温霜 文 铮

文 铮 董成龙 罗 静 著
石云涛 审订

中国文化述略

外语教学与研究出版社
北京

图书在版编目（CIP）数据

中国文化述略 / 文铮，董成龙，罗静著. —— 北京：外语教学与研究出版社，2021.8（2022.11 重印）

（"多语种讲中国"之中国文化系列 / 赵刚总主编）

ISBN 978-7-5213-2801-1

I. ①中… II. ①文… ②董… ③罗… III. ①中华文化－通俗读物 IV. ①K203-49

中国版本图书馆 CIP 数据核字 (2021) 第 145021 号

本书图片来源：@壹图

出 版 人　王　芳
责任编辑　王　琳
责任校对　刘　佳
装帧设计　李　高
出版发行　外语教学与研究出版社
社　　址　北京市西三环北路 19 号（100089）
网　　址　http://www.fltrp.com
印　　刷　北京盛通印刷股份有限公司
开　　本　710×1000　1/16
印　　张　7
版　　次　2021 年 8 月第 1 版　2022 年 11 月第 2 次印刷
书　　号　ISBN 978-7-5213-2801-1
定　　价　38.00 元

购书咨询：（010）88819926　电子邮箱：club@fltrp.com
外研书店：https://waiyants.tmall.com
凡印刷、装订质量问题，请联系我社印制部
联系电话：（010）61207896　电子邮箱：zhijian@fltrp.com
凡侵权、盗版书籍线索，请联系我社法律事务部
举报电话：（010）88817519　电子邮箱：banquan@fltrp.com
物料号：328010001

中国深度·全球广度·人文高度

——"多语种讲中国文化"丛书序

杨　丹（北京外国语大学校长）

　　新时代以来，我国对外开放力度进一步加大，"一带一路"倡议、"构建人类命运共同体""构建人文共同体"理念深入推进，为我国高校外语教育的跨步发展提供了广阔空间。人民群众对教育质量与教育公平的诉求、国家对高素质国际化人才的需求、学生将"青春梦"融入中国梦的追求，都意味着高校外语教育在新时代需要肩负起新的使命与责任。

　　外语非通用语专业作为中国外语教育的重要组成部分，应该勇于承担起时代赋予的使命，将提升学生的中国文化素养，培养学生浓厚的家国情怀，增强学生用外语传播中华文化的能力作为自己重要的人才培养目标。

　　在以往的非通用语教学中，教师往往比较重视对学生进行对象国语言能力的培养和文学、文化知识的传授，而忽视了用外语讲述中国文化的能力的培养。近年来，北京外国语大学各非通用语专业已经逐步认识到这一现象的存在以及可能带来的不利后果，即学生外语能力强，对象国文化精通，但用外语讲述中国文化的能力显著不足，并开始进行必要的改革。一些专业开始将中国文化知识融入"精读课""翻译课"等课程之中，也有部分专业开始开设"外语讲中国文化"或类似课程，取得了良好的效果。

但在具体实践中，各专业普遍反映，教学目标不清晰，缺乏整体策划，特别是缺乏适合的教材，让教学效果大打折扣。面对这种情况，2019年，北外欧洲语言文化学院、亚洲学院、非洲学院联合向学校申请的"2020年双一流建设重大标志性项目"——"多语种讲中国"系列教材获得立项。"多语种讲中国文化"是其中的一个子系列。

希望借助本系列教材的学习，学生们可以成为具有中国深度、全球广度和人文高度的跨文化交流引领者。中国深度，即只有对中国文化本身有深刻的理解，才能与世界文明进行深入对话，促进世界文明交流互鉴。全球广度，即我们要以专业眼光深度地体悟全球文明，感知全球格局，明辨发展方向。人文高度，即我们要用平等、包容、欣赏的眼光看待不同文明，把对家的坚守变为对世界的坚守，把对亲人的笃定变为对人类的笃定。

2021年是北京外国语大学建校80周年。北外自建校以来，一直积极适应国家战略发展需求，坚定不移推进非通用语人才培养战略。这次，集合北外欧、亚、非三个学院的师资力量编写出的"多语种讲中国文化"系列教材，既是向党的百年华诞、向建校80周年献礼，又是吹响了北京外国语大学非通用语教材教学向新的征程起航的号角。本系列教材的出版，将为北外非通用语专业"中国文化"课程建设打下坚实的基础。在此基础上，北外将对相关语种专业的"中国文化"课程进行全新的建设，从而满足新时代对非通用语专业的新需求。

根据课程设计，北外各非通用语专业将形成教学目标统一、教学内容近似、教学难度相当、教学要求一致的中国文化课程。这将弥补外语教师自身专业背景不足的问题，在全国高校非通用语专业中也将是一次具有示范意义的尝试。

出版说明

　　"多语种讲中国文化"系列教材是国内首套以中国外语学习者为目标对象、涵盖数十个语种的中国文化教程。

　　根据系列教材的设计，编者先完成了"多语种讲中国文化"的中文蓝本。中文蓝本在编写时充分考虑了非通用语专业的特点、学生的外语水平、对象国特点等因素，力求最大程度地满足非通用语专业开展中国文化教学的需求。中文蓝本的编写者为北京外国语大学欧洲语言文化学院文铮、历史学院董成龙、中文学院罗静三位老师。中文蓝本分为"历史概览""哲学与思想""语言与文学""艺术与文化"四个单元，每个单元在概说后，分不同小节详细讲解涉及的中国文化知识点。

　　各语种教师在中文蓝本的基础上，根据本专业的实际情况进行编译，增加"中华思想文化术语""延伸阅读""文化名人简介""中华文化双语词表""思考题"等板块，形成框架总体相同、难度大体相当、标准相对统一的多语种中国文化教材，供各非通用语专业高年级（一般为三年级）教学使用。

　　本系列教材具有如下特点：

　　1.旨在克服传统非通用语教材体系中的"中国文化失语症"，使我们培养的学生能够用所学外语正确、清楚、较有深度地表述中国文化；

　　2.填补国内中国文化非通用语读本的空白，亦可作为海外各国孔子学院、孔子课堂的教材，发挥"用外语讲好中国故事"的功能；

　　3.可作为外国大众的普及性读本，通过图文并茂、难度适中的材料，深入浅出地解读中国文化，使国外民众"读懂中国"；

4.为涉及欧、亚、非各非通用语专业的重大标志性科研项目，改变了各语种教师被不同单位不同部门"分割整合"的局面；

5.本系列教材亦将中文蓝本一并出版，供教师、学生和自学读者参考。中文蓝本适用于学习汉语的外国读者，可作为中国文化教材或读本。

本系列教材在编写过程中，得到了各方面的关心和帮助，吸收了不少专家学者的宝贵意见。由于水平有限，教材的编写仍可能有不尽完善的地方，敬请批评指正，以便教材不断完善，不断适应课程教学改革发展的需要。

目 录

第一单元
历史概览

  中国是世界文明古国之一，有将近 5000 年文字可考的历史。中国古代史经历了以下几个阶段：原始社会（170 万年前—前 2070）、奴隶社会（前 2070—前 475）和封建社会（前 475—1911）。其中封建社会可分为五个阶段：战国、秦、汉，是封建社会形成和初步发展阶段；三国、两晋、南北朝，是封建国家分裂和民族大融合的阶段；隋唐五代时期，是封建社会的繁荣阶段；辽、宋、西夏、金、元，是民族融合进一步加强和封建经济继续发展的阶段；明、清（鸦片战争前），是统一的多民族国家巩固和封建制度渐趋衰落的阶段。

  中国近代史是从 1840 年第一次鸦片战争到 1949 年中华人民共和国成立的历史。历经清王朝晚期、中华民国临时政府时期、北洋军阀时期和国民政府时期，是中国半殖民地半封建社会逐渐形成到最终瓦解的历史。中国近代史可以分为两个阶段：第一个阶段是从 1840 年鸦片战争到 1919 年"五四运动"前夕，是旧民主主义革命阶段；第二个阶段是从 1919 年"五四运动"到 1949 年中华人民共和国成立之前，是新民主主义革命阶段。

中华人民共和国简称"中国",但在历史上,"中国"一词,有着不同的含义。它既可以指"国中",即国家的首都;也可以指"中原",即黄河中下游地区,也就是中华文明最早诞生和兴盛之地。历史上,从未有一个王朝自名为"中国",但在强调自己是正统王朝时,往往自称"中国",以此区别周边的其他国家和少数民族政权。本书所讲的中国历史,就是以今天的国家疆域为基础,追溯这一疆域内曾经发生过的历史。

第一节 从先秦到两汉

传说中国远古有三个圣贤君主:尧、舜和禹。尧将君主之位禅让给舜,舜晚年又禅让给禹。禹却将君主之位传给了自己的儿子启。这样一来,血缘继承原则就取代了禅让与贤的制度,中国历史从此进入了王朝统治的时代。禹的儿子启开启的夏朝就成为中国历史上的第一个王朝。

夏朝存在的时间大约在新石器时代晚期到青铜时代早期。夏朝共历 17 王,历时约 500 年。夏桀时政治昏暴,夏朝被商

西周早期 青铜器

甲骨文

朝取代。商汤建立的商朝是中国历史上第一个有同时期文字记载的朝代。从安阳等地出土的大量刻在龟甲和兽骨上的文字被称为"甲骨文"。"甲骨文"主要记载的是占卜的内容，但也可以使我们间接了解商人的生活情形。商代的青铜器则显示了高超的冶炼技术和造型艺术。由于末代君主纣王残暴不仁，商朝于公元前 1046 年为周武王所灭。

周朝采用封建制，把土地分封给诸侯，依靠血缘关系维系王室与各诸侯之间的关系。以周平王把都城东迁为界，周朝分为西周和东周两个阶段。东周又分为春秋时代（前 770—前 476）和战国时代（前 475—前 221）。东周时期，诸侯割据和诸侯争霸成为常态。但与此同时，春秋战国也是中国文化的第一个黄金时代，儒家创始人孔子和他的继承者孟子、荀子，法家的代表人物韩非子，道家的代表人物老子、庄子，墨家的墨子，兵家的孙子等，都是生活在这一时期的杰出人物。他们促使思想领域出现"百家争鸣"的局面。

春秋时期的 170 多个诸侯国，经过 200 多年的兼并，到了战国初期，只剩下 20 个左右，战国中期以后出现了七个最强大的诸侯国，被称为"战

秦始皇陵兵马俑

国七雄"。

在这七个诸侯国之中，秦国从秦孝公时期的商鞅变法开始，逐渐富强，先后消灭其他六国，最终于公元前 221 年灭掉六国中的最后一国齐国，建立了全国政权，史称"秦朝"。秦朝就成了中国历史上第一个统一的中央集权王朝。

秦朝的建立者嬴政统一中国后，建立皇帝制度，自称"始皇帝"，史称"秦始皇"，以此表明希望皇帝之位可以一直由子孙传承。秦始皇在中央设置了丞相、御史大夫、太尉三个官职。丞相是百官之长，协助皇帝处理政务；御史大夫相当于副丞相，掌管奏章、下达诏令并监察百官；太尉则是最高军事长官。这些官职基本被后世继承，不过不同时代名称会有所不同。

秦　铜车马

秦始皇采纳了李斯的建议，在全国范围内设置郡县作为行政区划，取代封建制度，实行中央集权，"天下之事无小大，皆决于上"。与之相伴，秦始皇还下达了其他方面的统一令，如：统一车轨，修建以咸阳为中心的驰道；统一文字，把原来的籀文简化成小篆，之后又简化成隶书；统一全国的货币和度量衡。

为了抵御北方游牧民族的军事侵犯，秦始皇下令，在原来秦、赵、燕三国修筑的长城的基础上，修补新建，建成了西起临洮、东至辽东的万里长城。这条长城线与游牧民族和农耕民族的自然分界线基本一致，但这并不是说中国历史就只是长城以内的历史。

秦朝虽然建立了强大的中央集权制度，但徭役和兵役给人民增加了沉重的负担，因而失去了人心。陈胜、吴广发动中国历史上第一次大规模农民起义，点燃了秦末战争的烽火，最终导致秦王朝的灭亡。公元前 206 年，刘邦称汉王。公元前 202 年，在楚汉之争中获胜的刘邦称帝。

刘邦是汉朝的开国皇帝，也是中国历史上第一个平民出身的君主。他建国之后，继续称皇帝。秦始皇创立的皇帝制度就这样延续下来了，成为伴随中国历史发展的根本制度，直到 1912 年才被废除。

战国时期 各国货币

秦统一后发行的货币"秦半两"

西汉 长信宫灯

汉初统治者在政治体制上基本继承了秦朝的制度，只是在某些方面略有改变。地方上，既有封国，又有郡县。郡直属中央，封国则由分封的诸王统治，有相当的自主权。汉初建立了许多诸侯王国，本来的目的是拱卫中央，但后来的发展却适得其反。诸侯王依恃其政治、经济和军事实力与中央对抗，对中央政权造成严重威胁。汉景帝时削减诸侯国势力，引发了吴楚"七国之乱"（前154），但这场叛乱很快被平息。此后，诸侯国的威胁也基本被清除了。

汉初统治者在政策上推行"黄老之术""无为而治"，到了汉文帝和汉景帝统治时期，社会稳定，经济发展，人民生活得到很大改善，这一时期被称为"文景之治"。"文景之治"也为汉景帝的儿子汉武帝征服匈奴准备了物质条件。

为了加强中央集权，汉武帝改变了"无为而治"的方针，采纳了董仲舒的意见，"罢黜百家，独尊儒术"，大力推崇儒家思想，使其成为占统治地位的意识形态。两千多年来儒家思想一直是中国传统文化的正统和主流思想。汉武帝统治时期，汉朝的实力空前强大。名将卫青、霍去病等三次大规模出击匈奴，解除了北方游牧民族对汉王朝的威胁。公元前138年（一说前139），汉武帝派遣张骞出使西域，中国通向西方

敦煌壁画中描绘丝绸之路的场景

的丝绸之路由此形成。公元前 60 年，汉朝设置西域都护府，标志着正式统治西域（今新疆地区及中亚一些地区）。

公元 9 年，汉朝的外戚王莽自立为帝，建立新朝，西汉灭亡。25 年，汉朝皇室刘秀称帝，恢复"汉"的国号。因为前后两个汉朝分别定都长安和洛阳，一个在西边，一个在东边，所以史称西汉和东汉。

东汉（25—220）开国皇帝刘秀实行与民休息、整顿吏治。儿子汉明帝刘庄即位后，延续了休养生息的政策，复置西域都护府并将佛教引入中国。汉章帝刘炟又继承了父亲汉明帝的政策。不过，汉章帝去世后，东汉的历代皇帝都是少年即位，不得不仰仗外戚或者宦官。外戚和宦官彼此争权，最终引发内乱。

第二节 从三国到两宋

刘备

东汉末年，天下分裂为曹魏、蜀汉、东吴三个政权，其创建者分别是曹操、刘备和孙权。220 年，曹操的儿子曹丕在洛阳称帝，建立魏国，史称曹魏，东汉彻底灭亡。221 年，刘备在成都称帝，他是汉朝皇室的后裔，想恢复汉朝的统治，就定国号为汉，史称"蜀汉"。229 年，孙权称帝，建都建邺（今南京），史称"东吴"。

魏国在公元 263 年灭掉了蜀国。不久，魏国的权臣司马炎又废掉魏帝，建立了晋。280 年，晋朝灭东吴，统一了中国南北。316 年，西晋被北方蛮族灭亡，晋朝皇室南渡长江，于 317 年建立了东晋王朝。而在中国北方，则有匈奴、鲜卑、羯、羌、氐和汉人先后建立了十多个政权，史称"五胡十六国"。公元 420 年，东晋灭亡，中国进入了南北朝时期（420—589）。在南北朝时期，中国北方先后出现了鲜卑等少数民族建立的政权，推动了与汉人的融合。

581 年，杨坚取得帝位，建立隋朝（581—618），定都大兴城（今陕西西安）。589 年，隋朝统一中国，结束了中国近三百年的分裂局面。在第二任皇帝隋炀帝统治时期，隋朝开凿了一条贯通南北的大运河。它以洛阳为中心，北至涿郡（今北京），南达余杭（今浙江杭州），是世界上最长的运河。

隋朝开凿大运河，便利了粮食的运输，南方产的粮食可以通过运河运送到中国北方，南北交通不便的情况被打破了。这也为唐朝及以后中国经济的发展奠定了基础。江南越来越成为中国的经济和文化繁荣之地。

魏晋南北朝时，由于士族势力强盛，世家大族长期操纵政权，堵塞了平民出身的庶族做官的道路。到了隋朝，隋炀帝开始通过考试选拔官员，科举制正式形成。唐朝对科举制进行了进一步完善，避免了世家大族垄断朝政，对国家选拔优秀人才发挥了重要的作用。科举制被后来的王朝继承，直到 1905 年才废止。当今国际流行的公务员考试选聘制度与科举制有一些相近之处。

隋朝继承了北朝的三省制，唐朝则更加明确了中央三省的分工，使其相互制衡：中书省负责决策，门下省负责审议，而负责执行的尚书省则下辖吏部、户部、礼部、刑部、兵部和工部等六部。唐朝的第二任皇帝唐太宗李世民又设置政事堂，充当三省首长的联合议政机构。

北齐　杨子华绘《北齐校书图卷》

隋朝虽然实现了统一，但频繁的对外战争、营造东都洛阳、修建大运河等举措加重了人民的负担，很快，隋朝在农民起义中被推翻。618 年，李渊建立了唐朝（618—907），并定都长安。

唐朝第二位皇帝唐太宗在位期间，中国迎来了"贞观之治"（627—649）的辉煌时代。在他之后的唐高宗以及中国历史上唯一一位女皇帝武则天统治时期，国家进一步发展，到唐玄宗开元年间，唐朝的统治达到鼎盛，史称"开元盛世"。这时候，国家的疆域空前扩大，东到日本海，西至咸海，北到贝加尔湖一带，南至今越南中部。周边很多国家纷纷派遣使臣与唐朝修好，丝绸之路上商旅不断。经济繁荣、社会稳定使得文化取得空前的发展，唐朝在文学、美术、书法、手工艺等方面都取得了极高的成就。唐朝的政治、经济、文化和科技辐射到周边很多国家和地区。唐朝的首都长安成为当时世界上规模最大、最为繁华的国际都市。大批的外国留学生在长安城学习，其中以日本、新罗（在今朝鲜半岛）学生最多。唐朝的影响深远，直到今天，海外华人聚居地还被称作"唐人街"。

不过，唐朝中后期先后遭遇"安史之乱"、朝廷党争、藩镇割据和农民战争，逐渐由盛转衰。唐朝之后，中国又经历了五代十国（907—960）的阶段。五代指的是唐朝之后在中原地区先后建立的五个王朝，十国则泛指在中原之外存在过的十余个地方割据政权。

960 年，赵匡胤建立宋朝（960—1279），定都汴京（今河南开封）。979 年，宋朝的第二任皇帝、赵匡胤的弟弟赵光义消灭了最后一个割据政权，正式结束了分裂。不过，在宋朝统治期间，中国北方存在多个由少数民族建立的王朝：辽（907—1125）、西夏（1038—1227）和金（1115—1234），它们都是中国历史的一部分。

宋朝的官僚制度袭用唐制，又在宰相之下设置副相，分割宰相的行政

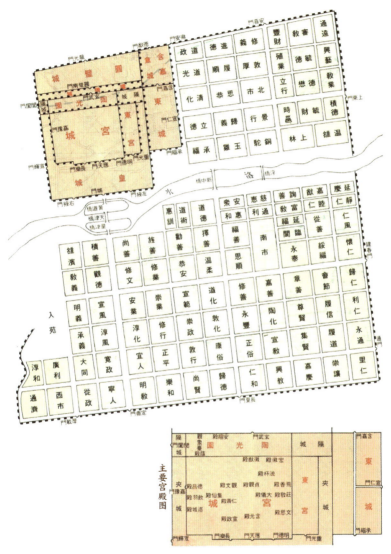

唐代洛阳城平面示意图

权；设置枢密使掌管军事，分割宰相军权；设置三司管理财政，分割宰相
的财政权。

北宋　宋徽宗赵佶
《瑞鹤图》及瘦金书题跋

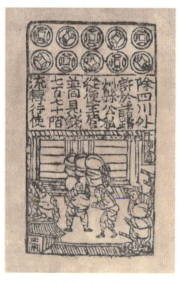

最早的纸币——交子

辽朝设置了两种官：一种官只由契丹人出任，管理契丹人和其他北族人；另一种官则可以由契丹人或汉人担任，仿照唐朝的官制，管理汉人和渤海人。西夏也仿照唐朝的官制。

宋朝为了避免唐朝藩镇割据的局面，采取重文轻武的政策，这导致有宋一代军力屡弱，在面临北方游牧民族的进攻时频频败北。宋朝先是在与契丹人建立的辽国的战争中缔结了屈辱的"澶渊之盟"，之后又试图与女真人建立的金国联合，攻灭辽朝。但灭辽之后，宋朝立刻就遭到了金军的攻击。1127 年，宋朝首都汴京（今河南开封）被金人攻克，宋徽宗和宋钦宗两位皇帝被金人掳走。宋钦宗的弟弟赵构在南京应天府（今河南商丘）称帝，沿用国号宋，1138 年迁都临安（今浙江杭州）。为便于区分，前后两个宋朝分别被称作北宋和南宋。1279 年，南宋覆灭于蒙古人之手。

虽然在军事上乏善可陈，但宋朝是中国历史上政治开明，商品经济、文化教育、科学创新高度繁荣的时代。宋朝出现了宋明理学，儒学得到复兴，涌现出一大批杰出的思想家、文学家和教育家。宋朝时还出现了世界上最早的纸币——交子。

第三节 元明清

　　1206 年，铁木真统一蒙古各部，建立"大蒙古国"，被尊称为成吉思汗。大蒙古国建立后开始四处征伐，向西最远曾经达到意大利的威尼斯附近。1271 年，成吉思汗的孙子忽必烈入主中原，改国号为大元，次年定都燕京，称大都（今北京）。1279 年，元朝彻底灭亡南宋政权，统一了中国。

　　蒙古人的统治范围极广，在欧亚大陆上建立了钦察汗国、察合台汗国、窝阔台汗国、伊利汗国等一系列国家。但这些国家都很快独立，与忽必烈建立的元帝国并不是一个国家。元朝的疆域十分辽阔，管辖范围包括了今天的新疆、西藏、云南、东北的广大地区，还有台湾及南海诸岛，促进了中国作为一个多民族国家的发展。

明清两代皇宫——紫禁城

　　元朝设置行省制度，在中央设中书省作为最高行政机构，中书省派官员往地方执政，称行中书省。明清沿用行省制度，至今，"省"仍是中国最高一级地方行政机构。

　　元朝虽然疆域辽阔，统治时间却很短暂。1368年，农民起义领袖朱元璋建立明朝（1368—1644），取代元朝，定都应天府（今江苏南京）。朱元璋的儿子、明朝的第三位皇帝朱棣迁都顺天府（今北京）。

　　明朝初年，地方行政沿用元朝的行省制度。但在省级行政上，在地方设"三司"，布政司为行政长官，都指挥使司掌管军政，提刑按察使司执掌司法。在中央，明朝将统兵的权力和调兵的权力分属两个部门，避免将领权力过大。1380年，朱元璋废除了从秦始皇开始确立的丞相制度和隋唐以来的宰相制度，直接统辖六部。朱棣即位后，设置内阁制度，内阁逐渐成为皇帝的最高幕僚兼决策机构。明朝在朱元璋、朱棣统治时期，政治清明、国力强盛，朱棣还曾派太监郑和于1405—1433年间七次远航，途经东南亚各国、印度洋、波斯湾，最远到达非洲东海岸。郑和下西洋是哥伦布以前世界上规模最大、航程最远的海上探险。明朝时期君主专制空前加强，但同时也为中后期宦官专权埋下了祸根。明朝后期，农民起义不断，李自成率领的起义军于1644年攻占北京，明朝最后一位皇帝朱由检自杀，明朝灭亡。

　　东北的女真人努尔哈赤于1616年建立金，为了区别于之前的金朝，史称后金。1635年，努尔哈赤的儿子皇太极改女真族名为满洲，次年改国号为大清。1644年，趁农民起义推翻明朝之机，满人由山海关入主中原，并完成全国的军事征服，成为中国的统治者，定都北京。

1684年，清朝建立台湾府，基本实现全国统一。清朝前期，疆域西跨葱岭，西北到达巴尔喀什湖，北接西伯利亚，东北至黑龙江以北的外兴安岭和库页岛，东临太平洋，东南到台湾及其附属岛屿钓鱼岛、赤尾屿等，南包南海诸岛，成为亚洲东部最大的国家。

《尼布楚条约》拉丁文本及英汉对照译文

清朝初期基本采用明朝的政治制度，设置内阁与六部，但满洲贵族参加的议政王大臣会议是事实上的最高权力机关，皇权受限。雍正皇帝设置军机处，相当于皇帝的顾问班子，皇帝经过他们直接指挥地方长官，从而摆脱了满洲贵族的束缚。

明朝时，中央政府在西南地区任命当地土司出任长官，且允许世袭，这弱化了中央对当地的管辖。后虽有调整，开始任命流动的官员，但范围不广。清朝经历了康熙帝和雍正帝之后，大量被委派的流动官员代替了土司管理西南地区，有利于统一多民族国家的巩固和发展。

明清时期，中国与外国的国际经济往来相当密切。中国是贫银国，但是明中期就开始以银为

清　朗世宁等绘
《弘历雪景行乐图》（局部）

合法货币，正是参与到全球经济贸易的结果。1689 年，中俄签订《尼布楚条约》，这是中国签订的第一个国际条约。

经过康熙、雍正、乾隆三代皇帝的治理，清朝作为统一的多民族国家得到巩固和发展，国力空前强盛，经济极大发展，社会稳定繁荣，达到前所未有的高峰，史称"康乾盛世"。

自秦朝统一中国以来，在两千多年的历史长河中，先后出现了秦汉、隋唐、元明清三次大一统时期，时间长达 1300 余年，统一或基本统一（北宋）的时间占三分之二以上。虽然历史上也出现过魏晋南北朝、五代十国、辽宋夏金等国家分裂、多民族政权并立的时期，但历史的结局往往都是民族大融合与新的空前统一。

第四节 近代中国

为打开庞大的中国市场，改变贸易不平衡状况，英国从 18 世纪开始对华大量输送鸦片，中国人称鸦片为"大烟"。面对鸦片带来的巨大危害，清政府委派林则徐到广州禁烟。1839 年，林则徐在虎门销毁收缴的鸦片。1840 年，英国政府以虎门销烟为借口，派出远征军侵华。6 月，英国舰队驶入广东海面，封锁珠江口，中英爆发鸦片战争。

鸦片战争以中国失败并赔款割地告终。中英双方签订了中国历史上第一个不平等条约《南京条约》，规定将香港岛割让给英国，赔款并开放通商口岸；还规定英国商人进出口货物缴纳的关税税率，中国须与英国商定，这意味着中国开始丧失关税自主权。

1843 年，中英签订《五口通商章程》和《虎门条约》，作为《南京条约》的补充条约。英国获得领事裁判权和片面最惠国待遇。1844 年，中美签订《望厦条约》，美国除了享有英国在上述条约中享有的除割地、赔款之外的一切特权，还扩大了权益，包括美国兵船可以到中国的各通商口岸巡查贸易。当年冬，中法签订《黄埔条约》，除美国特权外，法国天主教还获得在通商口岸自由传教等特权。直到一百年后的 1943 年，英美等国才宣布放弃在华特权。

从鸦片战争开始，中国被迫卷入源自欧洲的现代国际体系和世界资本主义市场，开始沦为半殖民地半封建社会。这被视作中国近代史的开端。

1856 年，英国军舰袭击广州城，法国以在广西传教的法国传教士被杀

圆明园西洋楼遗址

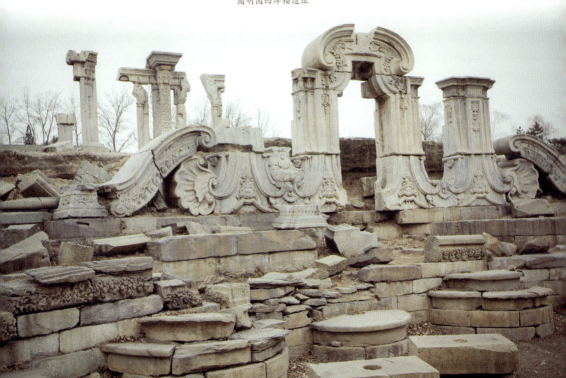

为借口亦出兵，第二次鸦片战争爆发。1858年，英法联军占领天津后，俄国、美国、英国、法国先后迫使清政府分别签订《天津条约》，规定外国公使进驻北京，增开十处通商口岸，外国军舰和商船可以在长江自由航行，外国人可以到内地游历、经商和传教，清政府赔偿英法两国军费200万两白银，赔偿英国商人损失200万两白银。

1860年，英法联军再度攻占天津，占领北京，焚毁北京的皇家园林圆明园，强迫清政府分别与英法两国签订《北京条约》：规定中国向英法两国的赔款各增至800万两白银，另外还要割让九龙半岛给英国，准许华工出国。

面对新的国际局势，1861年，清政府设立总理各国事务衙门，主管外交、通商，这是中国近代第一个常设的外交机构。

除英法之外，从19世纪50年代到80年代，俄国通过若干不平等条约，从中国获得了一百五十多万平方公里的领土。

列强的入侵和大量赔款，被清政府转嫁到庶民身上，引发民众的诸多反抗，其中洪秀全领导的太平天国起义最为浩大。

1843年，洪秀全创建拜上帝教，把基督教教义和中国的大同思想结合。1851年，洪秀全在广

太平天国领袖洪秀全

西金田村宣布起义，建国号"太平天国"，自称"天王"。1853 年，太平军攻克南京，并定都于此，太平天国运动进入鼎盛时期。之后不久，由于北伐失败和内部分裂，加之受到清廷和西方列强的联合打击，太平天国运动逐渐走向没落。1864 年，南京陷落，太平天国运动失败。

经过两次鸦片战争和太平天国运动，清政府内部一些有识之士开始思考实现富国强兵之路。他们主张学习西方先进技术，提出"师夷长技以制夷"。这些人后来被称为洋务派。洋务运动从 19 世纪 60 年代开始兴起。1894 年中日甲午战争以中国战败告终，这也标志着洋务运动的最终失败。甲午战争后，中国被迫与日本签订《马关条约》，割让辽东半岛、台湾及其附属岛屿、澎湖列岛给日本，还要赔偿日本军费白银 2 亿两。

俄国、德国和法国为了维持列强在中国的均势，迫使日本放弃辽东半岛；日本被迫应允，却以此为由索要 3000 万两白银。

甲午战争后，中国爆发了维新变法运动，史称"戊戌变法"，但仅持续了 103 天，就遭到以慈禧太后为代表的保守势力的镇压，最终宣告失败。1900 年爆发的义和团运动，引发了八国联军入侵中国，天津和北京相继沦陷。1901 年，清政府被迫签订《辛丑条约》，赔偿白银 4.5 亿两，

"戊戌六君子"之一——谭嗣同

"五四运动"中北京街头的抗议示威活动

史称庚子赔款。该条约的签订使中国完全沦为半殖民地半封建国家。

面对内外交困的局面，清政府不得不采取一系列改革措施，但这些举措为时已晚。1911年10月10日，武昌起义爆发，起义者宣布成立革命政府，史称"辛亥革命"。1912年元旦，孙中山宣誓就职为中华民国临时大总统。中华民国定都南京，改用西元纪年。这是亚洲第一个民主共和国。中华民国接受了清政府与列强签订的不平等条约，以此换取列强对中华民国继承清朝政权与版图的承认。

1912年2月，清帝退位，持续两千余年的皇帝制度告终。3月，中华民国参议院通过《中华民国临时约法》，这是中国历史上第一部资产阶级宪法性质的文件。随后，袁世凯取代孙中山就任临时大总统。从此以后，中国推翻了皇权，却又陷入了军阀的统治。

在北洋军阀统治期间（1912—1928），袁世凯妄图复辟帝制，在遭到举国反对后郁闷而死。1915 年，陈独秀创刊《青年杂志》（后更名为《新青年》），掀起新文化运动，提倡民主与科学。

在第一次世界大战期间，中华民国支持最终获胜的协约国一方，但在 1919 年的巴黎和会上，中国的利益却遭到彻底的践踏。这引发了中国国内各界的强烈抗议，最终形成震惊中外的"五四运动"。

这场运动带动了马克思主义在中国的传播。在此背景下，中国共产党于 1921 年成立。1921—1922 年，孙中山领导的国民党在"第二次护法战争"中惨遭失败，严重受挫。孙中山决定与中国共产党合作，形成统一战线，改组国民党。此时，帝国主义扶持的各地军阀不断在中国国内发起混战，导致民不聊生。1926 年，国民党率领国民革命军，开始北伐，目的是讨伐各路军阀。

1925 年，孙中山去世，反共的国民党右派逐渐掌握国民党领导权。1927 年，国共合作破裂，大批共产党人遭到屠杀。1928 年年初，蒋介石复任国民革命军总司令（1926 年 7 月北伐战争开始，蒋介石即为国民革命军总司令），获得国民党的最高领导权。蒋介石继续北伐，实际是为了武力统一中国。1928 年 12 月 29 日，占据东北三省的军阀张学良宣布"易帜"，服从国民政府领导。北伐取得胜利，中国实现了形式上的统一。

张学良的"易帜"，引起了一直觊觎东北的日本的不满。1931 年，日本发动"九一八事变"，占领东北全境，抗日战争爆发。1937 年 7 月 7 日，日本又发动"卢沟桥事变"，开启全面侵华。中国人民的抗日战争持续了 14 年，付出了沉重的代价。数千万人因战争或与战争相关的原因失去生命，无数的城镇遭到破坏。在抗日战争期间，国民党与共产党为共同抗日，实现了第二次合作。中国的抗战，是世界反法西斯战争的重要组成部分，为第二次世界大战中同盟国的胜利做出了重要贡献。

　　1945 年抗日战争结束后不久，国共和谈破裂，双方再次陷入内战。经过三年的战争，中国共产党领导的中国人民解放军获得胜利，国民党政府逃往台湾。1949 年 10 月 1 日，毛泽东在天安门城楼向全世界宣告，中华人民共和国成立。

中国历史朝代简表

夏 Xia Dynasty			c. 2070 - 1600 BC
商 Shang Dynasty			1600 - 1046 BC
周 Zhou Dynasty	西周 Western Zhou Dynasty		1046 - 771 BC
	东周 Eastern Zhou Dynasty 　春秋时代 Spring and 　Autumn Period 　战国时代 Warring States 　Period		770 - 256 BC 770 - 476 BC 475 - 221 BC
秦 Qin Dynasty			221 - 206 BC
汉 Han Dynasty	西汉 Western Han Dynasty		206 BC-AD 25
	东汉 Eastern Han Dynasty		25 - 220
三国 Three Kingdoms	魏 Kingdom of Wei		220 - 265
	蜀 Kingdom of Shu		221 - 263
	吴 Kingdom of Wu		222 - 280
晋 Jin Dynasty	西晋 Western Jin Dynasty		265 - 317
	东晋 Eastern Jin Dynasty		317 - 420
南北朝 Southern and Northern Dynasties	南朝 Southern Dynasties	宋 Song Dynasty	420 - 479
		齐 Qi Dynasty	479 - 502
		梁 Liang Dynasty	502 - 557
		陈 Chen Dynasty	557 - 589
	北朝 Northern Dynasties	北魏 Northern Wei Dynasty	386 - 534
		东魏 Eastern Wei Dynasty 北齐 Northern Qi Dynasty	534 - 550 550 - 577
		西魏 Western Wei Dynasty 北周 Northern Zhou Dynasty	535 - 556 557 - 581
隋 Sui Dynasty			581 - 618
唐 Tang Dynasty			618 - 907

	后梁 Later Liang Dynasty	907 - 923
五代十国 Five Dynasties and Ten States	后唐 Later Tang Dynasty	923 - 936
	后晋 Later Jin Dynasty	936 - 947
	后汉 Later Han Dynasty	947 - 950
	后周 Later Zhou Dynasty	951 - 960
宋 Song Dynasty	北宋 Northern Song Dynasty	960 - 1127
	南宋 Southern Song Dynasty	1127 - 1279
辽 Liao Dynasty		907 - 1125
西夏 Western Xia Dynasty		1038 - 1227
金 Jin Dynasty		1115 - 1234
元 Yuan Dynasty		1206 - 1368
明 Ming Dynasty		1368 - 1644
清 Qing Dynasty		1616 - 1911

摘自《中华思想文化术语（中英对照）》

第二单元
哲学与思想

　　儒家思想以"孔孟之道"为源头，对中国人的普遍伦理道德，对中国文化的价值和价值优先观念都有着深刻的影响，已经成为中华民族的一种集体潜意识。可以说，儒家的价值取向在总体上代表了中国传统文化的基本价值观。孔子思想的核心是"仁"，仁的实质是对生命的尊重和对自然的敬畏。孔子强调受教育者应该提升自己的精神世界，追求一种更有意义和价值的人生，从而开创了中国传统哲学所独有的追求人生境界的学说。

　　以老子《道德经》为基础发展而来的道家思想是中国具有影响力的哲学思想之一，与儒家思想比肩而立，在中国文化史上有"儒道互补"之说。老子的哲学核心是自然无为，围绕这一核心，产生出许多极富启发意义的观点。道家思想直接影响了中国人的民族特性、思维倾向和审美趣味。直至今日，道家思想仍在参与塑造中国人的民族性格。根据道家思想，中国古代产生了以老子为始祖的宗教派别——道教，这是华夏民族本土产生的最具影响的宗教。道教追求的目标是长生，认为人通过修行能够长生。

四川乐山大佛

在中国文化史上，虽在春秋时期出现过百家争鸣的盛况，但汉魏之后，真正对中国社会产生影响的，实际上是儒、释、道三家。"释"指佛教。如果我们不了解佛教，就无法对中国文化有全面的认识。佛教与基督教、伊斯兰教并称为世界三大宗教，是由古印度北部迦毗罗卫国（今属尼泊尔）人释迦牟尼于公元前6世纪到前5世纪创立的。佛教认为一切存在与现象的本质都是因缘聚合的结果，本身并不存在实在的属性，都是变化无常的，这种"空幻不实"的存在，在佛教中被称为"空"。

大约在西汉末年，佛教经丝绸之路传入中国，魏晋南北朝在中国流行，唐朝达到鼎盛。中国人改造了佛教，使其成为中国传统文化的重要组成部分。禅宗是佛教传入中国后形成的中国化最彻底的一个宗派，慧能是其最主要的代表人物。禅宗对唐代以后中国文化的发展影响极大，其思想还传到了日本和朝鲜半岛，以及东亚的其他国家和地区。佛教还传入中国的少数民族地区，其中流行于青藏地区的称"藏传佛教"，俗称"喇嘛教"。流行于云南傣族地区的是小乘佛教。

第一节 问题、文本与流派

人们很容易借助欧洲出现的概念或学科划分中国思想，比如政治思想、经济思想、社会思想等等，但这种划分并不是两千多年间中国人自己把握中国思想的路径。人们也往往先学习各种"主义"，再摘取相关文本片段，最后才直面思想家所针对的问题。但这恰恰与思想流派产生的步骤相反。学习中国思想，需要先懂得核心问题，再阅读基础文本，从而掌握主要流派。

不过在介绍核心问题之前，要先澄清中国思想包括什么。中华民族是汉族与少数民族多元一体的民族，中国思想自然不只有汉人的思想，还包括少数民族的思想，因此也就不可能只等于儒学或经学。另一方面，中国思想和"国学"也不完全是一个概念，更准确地讲，中国思想是"国故"（本国固有的学术与文化，多指语言文字、文学、历史等）的一部分，是对中国历史发展进程产生重要影响的历代思想家的思想总和。

横向地看，中国思想与域外思想的差别，不只是产生空间的不同，更重要的是它们关注的核心问题不同，或者即便遇到类似的问题，其思考方式也不同。

纵向地看，中国思想也不是一成不变的。从先秦到清朝，即便面对相同的问题，不同的时代也会产生不同的阐释。

要了解中国思想，就要先把握其所关注的核心问题。

第一，天人关系。这里的"天"首先指自然之天，相对于大地和人畜；进一步指的是统管天、地、人的最高意志。所谓天人关系，在第一种意义上指的是人与自然界的空间关系和生态问题，在第二种意义上指的是人与自然法则的内外关系和生命问题。

天、地、人三者之间的关系构成春秋战国时期百家争鸣的关键问题，也是此后中国思想各种流派都要回答的基本问题。诸子历史观与政治立场的不同，都可以在其中找到根基。

第二，古今之变。"古代"和"现代"都是相对而言的，苏格拉底相对于今天的我们是"古代人"，但在他生活的时代，就是"现代人"。他看到了城邦堕落这一"古今之变"，他的"现实感"带动他以反讽问答的方式改造城邦的灵魂。

孔子相对于今天的我们是"古代人"，但在他生活的春秋末期，就是"现代人"。他看到了周朝秩序的衰微这一"古今之变"，他的"现实感"带动他周游列国，言传身教。

"古今之变"不仅包含古代和现代的差异，还包含古今之争，中国思想从先秦开始也有了古今之争。关于古今优劣的判断，决定了当下的人们

孔子游列国（雕版印制）

如何对待过去、现在和未来，与之密切相关的就是，为政者要效仿先王还是革故鼎新。

第三，人性与人世。人的自然本性是善还是恶，对这一问题的判断不同，自然会得出截然迥异的政治安排和教化方式，即如何统治人，选择施行德政还是刑政，用礼治还是用法治。其中，"德""刑""礼""法"等概念不可不辨。

上述基本问题以及由此衍生出来的一系列问题，构成了中国思想的永恒命题。先秦思想家就已经有诸多核心文本予以讨论，由此奠定了中国思想的基本流派。

《庄子》中的《天下》篇指出，随着春秋战国时期的天下分裂，道和术也都跟着分裂了。关乎天下秩序的礼乐之学，从贵族流散到民间，所以产生了诸子之学，中国思想由此进入百家争鸣的时代。

《荀子》中的《非十二子》和《韩非子》中的《显学》，这两个战国时期的文本，都较为详细地介绍了春秋战国时期的诸子学说。

西汉的司马谈在文章中将诸子学说分为阴阳家、儒家、墨家、名家、法家、道德家等六家，论述他们的得失，所以他的这篇文章题为《论六家要旨》。这篇文章被他的儿子司马迁收入《史记》的最后一篇《太史公自序》。

西汉刘歆的《七略》将诸子学说分为十家，东汉班固在《汉书》的《艺文志》中沿用这种划分：儒家、道家、阴阳家、法家、名家、墨家、纵横家、杂家、农家和小说家。班固认为，唯有前九家是针对一些现实问题进行深刻反思，立志拯救王朝秩序。

这些文本产生于先秦至两汉之间，它们既是原典，又是研究先秦诸子思想的重要文献。因为先秦诸子思想奠定了中国思想的基本流派，这些文本的文献综述意义就更加不可小觑了。

战国时期，齐国思想家邹衍的作品已经失传了，但司马迁的《史记》却记载了他"大九州"的宇宙想象。他认为禹统治的九州是小九州围合成的一个大州，名之曰"赤县神州"（今天，人们还用"神州大地"称中国），而"中国外如赤县神州者九"。这反映了战国时期阴阳家认识到中国只是世界的一小部分。

除此之外，邹衍还提出"五德终始说"，木、火、土、金、水，这五种物质元素相生相克。这种自然法则又可以作用到政治领域，每个王朝都有自己对应的元素，这就意味着每个王朝都有自己的盛衰成败。可见，邹衍不仅提供了极广阔的空间论，还展现出极悠远的历史观。

像邹衍这样有趣的思想家数不胜数。限于篇幅，本单元将着重介绍影响最大的儒家、墨家、道家和法家，继而概括地讲述秦汉以后中国的官方学说和多样化的思想形态。

第二节 儒家与墨家

春秋末年，"儒"只是职业名称，指术士或者有智识的人，而不是某一种持特定立场的学派专名。孔子不是"儒"的创始人，他是儒家学派的开创者。在记载孔子及其弟子言行的《论语》中，"儒"也不是在儒家学派意义上使用的。

战国时期，墨家、法家兴起，"儒"才逐渐成为与之相对的一个学派——"儒家"。所以，墨家作为对立主张，塑造了儒家学派的生成。今天人们很难想象墨家有如此大的力量。如果从两千年的"效果历史"看，墨家没有与儒家相提并论的资格。甚至司马迁也只是在《史记》中的《孟子荀卿列传》里稍稍提及墨子。但是，不能因为墨家在秦朝之后销声匿迹，就否认它在先秦曾经一度繁盛。

战国时期的韩非子就说，春秋战国时期儒、墨两家是"显学"。要学习中国思想，我们需要先了解这两种春秋战国时代的显学。

孔庙

儒家

孔子是春秋时期的鲁国（今山东曲阜）人。在他所处的春秋末年，周朝的礼乐秩序都崩塌了，于是他周游列国，凭借自己敏锐的"现实感"，提出解决方案。

他认为内在的德性会生成外在的德治，因此要想政治清明，比制度设计更根本的是教化——这与今天强调的制度化的统治很不一样。孔子的核心方案就是教化君子和君主。

他绍述尧、舜两位圣贤君主，并且以周文王、周武王为典范。这既表露出孔子眼中的理想政治人物，也呈现出他的历史观：尧、舜、禹为代表的三代之治构成了儒家思想中念念不忘的治世理想。

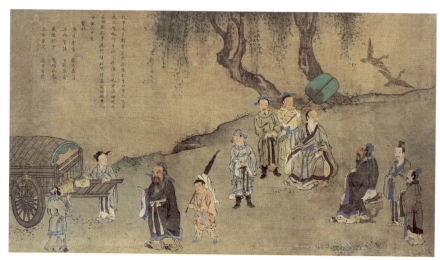

明　佚名绘《孔子圣迹图》

　　"禹传子"之后，中国进入王朝时代。周朝能够损益夏朝和商朝的利弊得失，以一通三，殊为难得，所以在孔子而言，恢复周制就成了最切近的政治抱负。确立何为好的政治榜样，并且明确历史的起点，是一种"正名"的工作。如果概念模糊、标准不清楚，那么就无法讨论当下的问题并给出解决方案。

　　除了教化君主，孔子还着眼于教化君子。孔子死后，弟子或再传弟子将其生前言行记录成《论语》一书。《论语》凡 20 篇，第 1 篇就是讲"学"和"劝学"，第 2 篇才讲"为政"。《礼记》的《学记》也说，要建立国家、治理民众，教和学都是第一位的。这就解释了为什么孔子建立了中国历史上第一所私学。

　　孔子提到，君子应该学会六种技艺：书（典籍），礼（仪式规章），乐（举行礼仪时的音乐），射（射箭），御（驾车），数（计算）。

　　他认为要想成为有"德"的君子，就要立"志"，通过六艺的学习，成长为守"礼"的"仁"人。"德""志"
"礼""仁"这四个概念可以说是孔子学说的基
本内核。"仁"是孔子思想的核心,"仁"就是
"爱人"。一个人立身行事,君王治理天下,都
要从"仁"出发。"志士仁人"这是内在的自我
的要求,"德"和"礼"是外在的要求。孔子希
望的政治就是德政和礼治。

无论何种政治,君子在人世中一定会面临许
多不同的意见。固然要承认人世间存在各种矛盾
或差异,但更要注意在矛盾或差异中又保有一致
的内容。如果全部相同,就会变成流俗;如果全
部不同,则会造成社会的撕裂。

孔子去世之后,儒家产生了门派之分,其中
孟子一派和荀子一派影响很大,司马迁的《史
记》专门为这两人合并作传为《孟子荀卿列传》。

孟轲,邹国人。在孟子时代,墨家与杨朱的
思想非常流行。墨子主张"兼爱",孟子担心这
样下去,就没有亲疏分别了,儒家强调的人伦也
就此被破坏。在战国失序的时代,杨朱主张人人
"为我",孟子指出这就是自私自利,而儒家的
大志是要利天下,杨朱的格局就显得太小了。

孟子讲"仁政"。"仁"这个字的笔画就是
"二"和"人",意思是两个人,引申含义是保
持人心才可以维系人群。仁就是人与禽兽在本性

孟子

上的差异，君子能够保持这种差异，而小人则慢慢会丢掉这种差异。

当然，孟子不是要所有人都成为君子。在人间，有的人是"劳心者"，有的人则是"劳力者"，前者是统治者，后者是被统治者。一旦有了社会分工，就会有统治与被统治的关系，没有办法跳脱出去。高高在上的统治者要用仁心统治天下，要像对待自己的老人一样对待天下的老人，像对待自己的孩子一样对待天下的孩子。正因如此，仁政就很重要。实行仁政，人民最重要，其次是国家，最后才是君主。

孟子很注重人的作用，所以他说"天时不如地利，地利不如人和"。在做事时，要考虑人的因素，而不是过分依赖于外界。当然这里并不是说人一定会战胜天时和地利所代表的自然法则，而是说人应该把成败系于自身，"不怨天，不尤人"。

与杨朱不同，要实现仁政的理想，就不能见利忘义。孟子强调内在秩序的重义和外在秩序的仁政，可以视作心性儒学。

相比于内在的"心性"而言，荀子更注重"外王"，可以视作政治儒学。荀子经常强调要通过"礼"而统一天下，但也强调治理国家要用"刑法"。他有两个很出名的徒弟，韩非子和李斯，他们都把荀子强调的"礼"转换成"法"。

荀子

从中也可看到，诸子百家之间不是完全没有交集的平行线，儒家流派演绎到荀子就已经与法家有交汇了。

墨家

墨子也是鲁国人。墨子跟儒家一样，也崇尚尧、舜，对夏禹更是青睐有加，有比较深厚的历史观。

墨子要追求的是"天下之大利"，这一点与儒家接近，但是他采取的办法是打破人与人之间的"别"，避免因为亲疏关系造成的分别。因为一旦有分别，就会有利益冲突，最终就会导致战争。

除了用"兼爱"来打破人伦差异之外，墨子还主张节制，要节省开支，不要耽于声乐之美，也不要厚葬逝者。因为不节制就会划分等级，造成上下高低之别，那么节制就可以减少上下纷争了。

一般人不易做到节制与反战，墨子及其弟子就决定以身作则。所以墨家的内部纪律颇为严格。在诸家之中，墨家组织最为严密，有至高领袖，是一个有宗教色彩的组织体系。正因如此，墨家虽然反对战争，但颇具战斗力，曾为守城而战死数百人。

秦朝统一天下以后，墨学就销声匿迹了。直到清朝，才慢慢有人开始整理《墨子》一书；到

墨子

了晚清，有一些智识之士将墨子提倡的"兼爱"与基督教的"爱"作比较，墨子的一些思想又重新引起人们的注意。

第三节 道家与法家

道家

老子和庄子是道家的代表人物，他们的传世作品分别是《道德经》（《老子》）和《庄子》。

他们都是极富"现实感"的智识之士。针对春秋战国以来的失序，老子主张退回到人类的原初状态，那是他理解的"自然"。老子主张人们应该效法大地，而大地又应该效法天，天应该效法自然法则。这就与孟子的主张有很大差别了。

人力的智能开发诚然会帮助人们过上物质更丰富的生活，但人们也可以利用这些技能作恶，更有甚者，可能打着美善的名义作恶。为了从根本上杜绝人们作恶，老子主张干脆放弃社会分工和社会进化，让人们过一种远古小国寡民的生活，"鸡犬之声相闻，老死不相往来"，不参与社会分工，也就没有大规模的生产，统治者就可以"无为而治"。人们不会用心智做好事，也就

老子

明 张路绘《老子骑牛图》

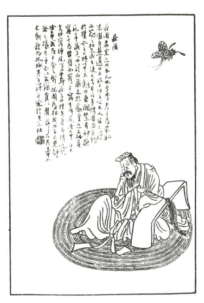

清 任渭长绘《高士传》画像之《庄周》

不会用心智做坏事。这就回到了初民的田园生活。这么看,老子的主张并不全然是一种乌托邦式的设想,而是体现出悠远的历史观。

在这个意义上,老子反对提倡"仁、义、礼、智、信"。老子不是认为它们不好,恰恰相反,正因为看到这些概念指向正面价值,它们很有可能被作恶者利用,结果无论是这些好的概念,还是它们指涉的实际行动,都可能被污名化。

庄子的观点与老子接近,他善于运用寓言的方式讲明道理;还编排一些对话,可以用阅读戏剧的方式来阅读他的文本,因此他的作品被称为"文学的哲学,哲学的文学"。庄子最早提出的"内圣外王"思想(意思是政治领袖一方面要具有圣人高尚的心灵,一方面又要有统治者的才干)对儒家影响深远。

韩非子

法家

表面上看，道家与法家是两个极端，道家要回到人类最初的起点，而法家则念念不忘改造当下，要让每一个当下都达到历史发展的新高度。不过，司马迁的《史记》把老子和韩非子合并作传为《老子韩非列传》。一般认为道家"不争"，法家执着于权力，而司马迁认为韩非子的法家思想脱胎于老子的道家思想。可见道家与法家未必如看起来的那样截然相反。

战国时代的法家主要有两个发源地，一个是西边的三晋（晋国分裂为韩赵魏三国，故称三晋），一个是东边的齐国。齐国法家相对注重民生，三晋法家则又细分为"法""术""势"三派。商鞅更看重人臣应当严守的峻"法"，他推动的变法使秦国富强，代表作是《商君书》。申不害强调君主的统治"术"。慎到则突出统治者"势"的作用，主张顺势而为。

韩非子集三派之大成，可以在《韩非子》中看出他成体系的法家之论。他和李斯都是荀子的学生。韩非子进入秦国后，被李斯陷害而死；可以确信的是，真正的儒者不会互相厮杀，而法家人士可能会彼此倾轧。

李斯后来成了秦朝的第一任丞相。秦国自商鞅变法以来执行法家政策，注重农事与战争，走向富强，但不施行仁义。秦始皇嬴政统一天下之后，秦朝也继续执行法家学说，却迅速灭亡了。

法家的这些主张都根植于其人性判断，他们认为人都好利忘义，据此，需要用法、术、势等多种手段引导或控制人们的欲望。

法家往往也主张君主无为，指的是君主不要参与具体事务以表露心迹或暴露弱点，也可以摆脱具体事务成败的检验。如果失败，那么可以归咎于处理具体事务的人臣；如果成功，那么就一定是因为君主英明。总而言之，君主不会因为日常政治生活的行为而受到任何贬损。

可见，韩非子不仅集成了法家流派的思想，还吸收了道家"无为而治"的思想。只不过，道家是希望人们回到悠远的初民状态，相安无事；

《韩非子》书影（明刻本）

而法家则是希望君主无为，让人臣处理具体事务，却捉摸不定君心。

道家与法家虽然都提到"无为而治"，却最终殊途，这跟他们的人性观和历史观有很大关系。与道家悠远的历史观不同，法家主张随着时代的变化而变法，他们不愿意师法先王，只愿意追随后王，因为他们在古今之变中站在了日新月异的"现代"这一边，其历史观就显得很薄弱。

第四节 统于经学与中国思想的多样

秦汉之间中国统治者尊奉的统治学说有三种：秦朝统治者采用法术，统治颇为严苛。汉朝初年的统治者采用黄老之术，尽量少定政策，让被统治者能够休养生息，基本做到"无为而治"。汉武帝统治时期就开始"独尊儒术"了。

汉武帝时期的儒生董仲舒主张君权神授和"天人感应"，认为统治者的人间行动会影响天体运行，换言之，天灾是人祸的结果。这不只是前科学时代的迷信。这一学说论证了君主的权力正当性来自于天，但也同时借此限定了君主的权

董仲舒

力——如果君主不能够为民着想，那么，他也将被上天剥夺君权。

董仲舒的论述吸收了阴阳家的主张，但基本仍属于儒家学派。公元前135 年，汉武帝接受了董仲舒的建议，决定以儒术为尊，更改官方奉行的学说。官方设置专门传授《诗》《书》《礼》《易》《春秋》这五种经典的"五经博士"。五经都是儒家学派的经典著作。"经"原本是纺织工艺中的概念，还被用来指诸子学派的纲领性文献，从此以后"经"只用来指称儒家的核心文本。因为每一种经典的解释都多种多样，于是又出现了许多解经流派。

无论有多少解经流派，从公元前 135 年开始到 1905 年清朝光绪皇帝废除科举制为止，经学都是中国统治王朝的官奉学说，共存在了 2040 年。

《隋书》中的《经籍志》首次明确将中国学问划分为经、史、子、集四部，经学是其中一种。经学不等于儒学。儒学是一种思想学说，而经学则是从汉朝到清朝的官方统治学说，其主张不容怀疑和讨论。

以汉武帝独尊儒术为界，中国思想由子学时代进入经学时代。但统于经学并不等于中国思想只有一种主张，中国庞大的空间不停内生新的思想，而日益增加的中外交往也推动了异域思想的进入和中国化。

经学

东汉时期，孔子被视作"先师"，而西周初年辅佐周武王的周公被视作更重要的"先圣"。唐朝的建立者唐高祖李渊也尊奉周公，而孔子地位略低；但他的儿子唐太宗李世民就不这么看。

唐太宗下令取消周公的"先圣"地位，孔子由"先师"升格为"先圣"，孔门弟子颜回也得以随之升格，成为"先师"。西汉末年外戚王莽假借周公之名，夺取政权。皇帝自然希望亲政，而不希望再出现用周公名

韩愈

义干政的人臣，于是就突出孔子的地位。从唐太宗开始，孔、颜就取代了周、孔；唐玄宗李隆基甚至封颜回为"亚圣"。

韩愈的名文《原道》开出了"道统"的名单。这是一个依凭"道"而排列的儒家学派的谱系，从尧、舜、禹开始，经过商汤、周文王、周武王、周公和孔子，传到孟子就后继无人了。用孟子来取代颜回，这意味着刚刚被抬升的颜回，又被韩愈降格处理了。这个"道统"也就是经学中的"正统"，不容违逆。

唐宋之间存在孟子升格运动。宋朝的朱熹把《礼记》中的《大学》与《中庸》两篇单独抽出来，与《论语》《孟子》合称《四书》。这一过程不仅提升了《大学》与《中庸》的地位，也提升了孟子的地位，这样一来，孔、颜取代周、孔之后，又被孔、孟取代了。

宗教

道教是中国的本土宗教，有道家的思想垫底，又增加了方术和鬼神的思想，是一种多神宗教，追求长生不老、修道成仙、济世救人。在不同历史时期，道教也曾得到统治者的大力推崇，但在民间的影响更大，对中国人的思维方式和精神追求产生了深远的影响。

第四节 统于经学与中国思想的多样

佛教在西汉末年传入中国。公元 67 年就已经有佛经汉译本了。此后千百年来，中国人对佛经的翻译绵延不绝，是中国翻译史的重要组成部分。由于传入的时间、途径和地区不同，中国佛教形成三大体系，即汉传佛教（汉语系）、藏传佛教（藏语系）和云南地区的上座部佛教（巴利语系）。

隋唐时期，佛教得到统治者的推崇，取得很大发展，与道教和儒学并列为三大主流思想。也正是在这一时期，儒释道三家彼此借鉴，相互融合，出现了"三教合一"的现象。

隋唐时期，佛教形成八大宗派：净土宗、三论宗、律宗、禅宗、天台宗、法相宗、华严宗和密宗。中国佛教产生了新的气象，就是"佛教的中国化"。因此需要区分"在中国的佛学"和"中国的佛学"，前者只是外来佛教在中国，后者则是佛教结合本土资源产生的中国思想。

佛教传入中国后兴建的第一座官办寺院——白马寺

唐朝时期，景教、摩尼教和伊斯兰教等外国宗教也传入中国，中国思想囊括了更加丰富的内容。

魏晋玄学

魏晋时期，社会动荡。人们在道教与佛教中寻求心灵慰藉，所以这一时期二教颇为流行。《魏书》的最后一篇就是《释老志》，专门讲佛教（"释"）和道教（"老"）。

魏晋时期，玄学也很盛行，核心文本是《老子》《庄子》和《周易》。主要代表人物有何晏、王弼以及当时有名的"竹林七贤"。所谓"竹林七贤"，是当时七位贤士，常常聚集于竹林之下，吟诗作赋，或者讨论一些形而上的问题。这一时期的中国思想有自然与名教之争。嵇康等人反对名教的虚伪与束缚，他们崇尚自然，要求依照人的自然本性生活。

宋明理学与心学

由于儒学和道教、佛教等多种思想的交汇，宋明时期的中国思想再次呈现出新的气象，出现了理学和心学。

张载

张载祠

两宋理学有四个学派：周敦颐，二程即程颢和程颐，张载和朱熹。四者之间，周敦颐是二程的老师，张载与二程相互影响，朱熹继承二程的学说，集理学之大成。

这四个学派同时也是四种地域的学术形态，分别被视作濂学、洛学、关学和闽学。理学既探寻自然法则，又进而追踪人的道德法则。四个学派都认为天理使人心产生道德感，又分别以自己对"理"的阐发，回答了人性、天人之际和古今之变的问题。

与之不同，陆九渊认为人的道德感是本心所有，并非天理的外在赋予，主张依照"本心"。而明朝著名思想家、哲学家王守仁则接续了陆九渊的想法，他认为朱熹所谓的"天理"其实在自己心中。虽然主张返归内心，但王守仁绝不是不问世事的故纸堆中人，他提出"知行合一"，认为不仅要认识（"知"），而且要实践（"行"），应该把二者统一起来。

西学

从晚明开始，欧洲的传教士来到中国，罗明坚、利玛窦、艾儒略、汤若望、南怀仁等人都是主要代表。从此以后，西方的思想越来越多地传入到中国。中国人将这一漫长的思想迁移历程称

利玛窦和徐光启

汤若望

康有为与梁启超（站立者）

为"西学东渐"。但要指明，这些思想虽然在传入中国时是"西学"，可一旦在中华大地扎根，就慢慢变成中国思想的一部分。正如"在中国的佛学"变成"中国的佛学"一样。

只不过，西学在中华大地生根发芽的过程相对漫长。19世纪以来，中国开始学习欧美的技术、制度和思想。在中西交汇的背景下，康有为重拾中国古典资源，将《礼记》中的《礼运》拣选出来，阐发其中提到的"大同"思想。这成为影响20世纪中国人心灵的关键思想，蕴藏了中国智识人士对世界图景的理想和想象。

梁启超一方面重新学习中国古典，另一方面也努力介绍欧美的"民主""民族"等新思想。

1905年，中国的科举制被取消了。从此以后，中国经、史、子、集的"四部"分科之学也被人抛弃，西方分科之学逐渐占据主导。但中国的传统思想文化并未中断，

第四节 统于经学与中国思想的多样

民国时期私塾复原图

直到进入 21 世纪的今天，中国人仍源源不断地从传统思想中汲取有益的养料，并为它们赋予新的阐释和意义。

第三单元
语言与文学

汉语和汉字是中华文明的重要载体和不可或缺的组成部分。汉语有标准语和方言之分，所谓标准语，就是我们说的汉语普通话，是中国的国家通用语言。现代汉语作为以语素文字为文字系统的语言，具有统一、规范的语法。

汉字是世界上迄今为止连续使用时间最长的文字，也是上古时期各大文字体系中唯一传承至今的文字。有学者认为汉字是维系中华民族长期处于统一状态的关键元素之一，也有学者将汉字列为中国第五大发明。中国历代皆以汉字为主要官方文字。

历史上，中国周边的一些国家和地区曾使用汉字书写历史并在文字上受到汉字影响，其中包括越南、朝鲜、日本、泰国、蒙古等，以至于在东亚形成了以中国为核心的"汉字文化圈"。目前，全球汉语和汉字的使用人数在 17 亿以上，中文也是联合国六种工作语言之一。

中国文学是汉语、汉字的重要载体，也是中国文化中最有活力、最灿烂辉煌的部分。在历史发展的长河里，中国古代文学蕴涵

五代　周文矩绘《文苑图》（局部）

了中华文化的基本精神，体现了中国人的美学追求，承载了中华民族的理想信念，表现出自己独特的个性和风采。从远古神话到明清小说，各种文学形式连绵数千年，高潮迭起，涌现出许多古今闻名的文学家和不朽的文学作品。中国古代文学以其独特的内容、形式和风格形成了自己的特色，有自己的审美理想，有自己的思想文化传统作为依托，也有自成体系的文学理论与文学批评，能够与世界上任何一个文化大国的文学相媲美。

中国的第一部诗歌总集《诗经》，收集了自公元前 11 世纪至公元前 6 世纪的诗歌，内容丰富，是当时 500 年间社会生活的一面镜子。"楚辞"是在《诗经》之后出现的一种新诗体，公元前 4 世纪前后诞生在位于中国南方的楚国。"楚辞"在形成过程中，受到了长江流域楚地民歌、音乐及民间文学的影响，带有浓厚的地域色彩。屈原是"楚辞"最主要的代表作家，是中国历史上最受尊敬的伟大爱国诗人之一。唐诗、宋词独特的表现形式和艺术魅力代表着中国诗歌艺术的巅峰，使汉语的语言潜能得到充分发挥。

散文是中国文学中最大、最庞杂的一个家族。中国散文的历史可以追溯到商代中后期的甲骨卜辞（前 14 世纪—前 11 世纪）。《尚书》是最早一部散文总集，主要是当时官府处理国事的公务文书。代表孔子思想和言论的《春秋》《论语》、历史传记《史记》《汉书》都是早期散文的杰出代表作品。唐宋两代是中国古代散文发展的高峰期，以"唐宋八大家"为代表的唐宋散文家丰富了散文的题材，提高了散文的艺术水平，许多脍炙人口的名篇至今为人们传诵。

中国有着悠久的叙事文学传统，上古的神话被视为这一传统的源头。早在1000多年前的唐代，就出现了现代意义上的小说，即唐传奇。宋代出现了代表市民阶层文艺形式的白话小说—话本，用通俗的文字表现历史故事和当时的社会生活。以《水浒传》《三国演义》《西游记》《红楼梦》为代表的明清小说具有很高的文学造诣和艺术成就，深深影响了中国人的思想观念和价值取向。

纵观3000多年中国古代文学发展的历史，可以总结出以下五个特点：

一、文学的历史任务与社会功能历来受到重视，"文以载道"是中国文学的优秀传统；

二、在形式和体裁上，中国文学历来都是一个不断革新和发展的、成熟而开放的系统；

三、中国文学是在向世界文学不断学习和借鉴的过程中逐渐发展和丰富起来，并能与世界文学潮流融通汇合；

四、多种文学风格流派并存、自由发展、平等竞争的历史发展趋势为文学注入了蓬勃的生命力；

五、作家文学与民间文学并驾齐驱，相互借鉴，相互推动，成为促进文学发展与繁荣的强大潮流。

第一节 汉语与汉字

汉语

汉语是中国汉民族使用的语言，也是全世界使用人数最多的语言之一。除中国外，新加坡、马来西亚等国也有相当一部分人使用汉语。分布在世界各地的几千万华侨、华裔，也以汉语或汉语的各种方言作为自己的母语。

汉语是中国通用语言，也是联合国的工作语言之一。汉语的标准语是"普通话"，以北京语音为标准音，以北方话为基础方言，以典范的现代白话文著作作为语法规范。中国地域广阔，人口众多，各地区说的话就是方言。方言是汉语在不同地域的分支，只通行于一定的地域。汉语目前有七大类方言：北方方言（官话方言）、吴方言、湘方言、赣方言、客家方言、闽方言、粤方言。其中，北方方言是通行地域最广、使用人口最多的方言。

在漫长的历史发展进程中，汉语的语音不是一成不变的。我们可以通过汉语拼音，更好地体会汉语语音的特色。汉语拼音是一种用拉丁字母标注汉语发音的方案，该方案于 1958 年得到了官方的确认。在此之前曾流行过几种不同的拼写方案，比如注音符号，今天在中国台湾仍在使用。

汉语除了有元音和辅音的发音以外，还有声调，即用声音的高低升降的变化来区别不同的字、词。在普通话当中，主要有四种声调，对应音调是：1 声为阴平，2 声为阳平，3 声为上声，4 声为去声，还有一部分汉字是轻声，没有音调。其他方言在声调的数量以及如何用数字标记等方面会有所不同。普通话中同一个音节在不同声调下可以表示不同的汉字：

1=mā，妈

2=má，麻

3=mǎ，马

4=mà，骂

汉语如果没有声调，可能会造成混乱。例如中国的两个不同省份，"山西"和"陕西"，用不带音调的汉语拼音都拼写成"Shanxi"，但是加上音调，二者就不同了，"山西"用汉语拼音写成"Shānxī"，而"陕西"用汉语拼音则写成"Shǎnxī"。

对于外国学习者来说，正确掌握汉语的声调是一个挑战。但与此同时，汉语的词汇相对较短，大都是单音节或双音节词，便于学习者记忆。在古代汉语中，单音节词占绝对优势。这种以单音节形式负载语义的特点，使得汉语的音节和语义之间具有十分整齐的一一对应关系。这就为中国古代诗词歌赋的产生奠定了坚实的土壤。而在现代汉语中，双音节词占主导地位。但即便如此，与印欧语系的语言相比，汉语的词汇往往也是最短的，这也使得同一份文件的多语种版本中，中文版往往是最短的。

汉字

汉字是世界上唯一一种未曾中断使用而延续至今的表意文字系统。作为一种书面语言交际符号，汉字从诞生之日起，始终伴随着汉民族的文化进程，在履行语言交际职能的同时，又以其独特的表意特征和内部构成形式，承载了极其丰

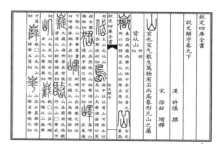

东汉 许慎《说文解字》书影

富的历史文化。

最早的汉字可以追溯到 3000 多年前的甲骨文。这些汉字已经非常成熟，这不禁让我们推测，汉字出现的时间要更加久远。更古老的汉字，或许仍然深埋在地下，等待未来的发现。

最初的汉字本质上可能都是象形的。从字形上暗示了这个字代表的某些物理性质。比如 ▱ 来自眼睛的形状，后来演化成了"目"（眼睛）；⫛ 来自于羊头的形状，后来演化成了"羊"；而 Ⅹ 像是一棵树，后来演化成了"木"。

此后，这些简单的汉字叠加起来成为更复杂的字，例如把两棵或者三棵树放在一起构成了"林""森"，意思是"森林"。或者把代表太阳的"日"和代表月亮的"月"放在一起构成了"明"，意思是"光明"等等。

在造字的过程中，应用最广泛的原则就是用一部分体现字的意思，用其他部分体现字的读音。例如"材"，左边的"木"与木头、树木有关；右边的部分"才"是另外一个字，读音是"cái"。这部分组合而成的字就读"cái"，这就是形声字。在合体字中，能提示出这个字相近意思的部分叫做部首。部首经常出现在左边，如"理"，"王"是部首。但也可能出现在其他位置。比如"鸽"，"鸟"作为部首放在了右边。

甲骨文

金文

小篆

隶书

楷书

"水"字的字体沿革

又如"舅"，"男"作为部首写在下面。

几千年来，中国文化不断发展，汉字的数量也在不断增加。清朝编纂的《康熙字典》中收录了 47,035 个汉字，而现代人编写的《汉语大字典》则收录了 56,000 多个汉字。但不用担心，很多古代人使用的汉字现在已经不再使用了，今天我们日常生活中常用的汉字是 3000—4000 个，而只要能掌握 1000—2000 字就可以阅读报纸了。

人们在讲到汉字的发展史时，一般从殷商时期的甲骨文说到今天常用的楷书。甲骨文是我们能见到最早的、成系统的文字，主要刻在龟甲和牛的肩胛骨上。目前已统计出 4000 多个甲骨文汉字，大多带有图形的感觉。前面提到的"目""羊""木"的字形就是甲骨文字形。甲骨文之后是金文，也就是铸刻在钟鼎上的文字。钟既是中国古代的乐器，也是祭祀的礼器；而鼎既是中国古代的食器，也是祭祀的礼器，同时也是身份地位的象征。金文比甲骨文承载的信息更为丰富，组成字形的部件也逐渐从图形变成字了。中国的第一个封建王朝——秦统一中国之后，将原本的字体发展为秦代标准字体，就是"小篆"。大概与此同时，也出现了"隶书"。隶书到汉代进一步发生演变，形成了当时国家标准字体。魏晋时期隶书继续发展为"楷书"，也就是今天汉字的基础形体。

几千年来，汉字一直处于不断的变化中，最近一次汉字规范化是在 20 世纪 50 年代进行的，在官方推动下形成了简化字。这也造成了两个汉字系统的出现。传统的叫做繁体字，简化后的叫做简体字。中国大陆、新加坡使用的是简体字，中国的香港、澳门、台湾等地区使用的是繁体字。日本使用的汉字是经过部分改造后形成的，与汉语简体字或繁体字也有相同或相近之处。

汉语和汉字是中华文明的重要载体和不可或缺的组成部分。随着人类社会的进步，汉语和汉字也表现出了强大的生命力。汉语中不断出现的新词汇让人目不暇接，新的表达方式也层出不穷。掌握了汉语，既可以领略几千年前中国古人的审美情趣和古老智慧，也可以了解当代最新的科学技术知识和文明成果。可以说，汉语与汉字始终是中华文明得以记录、传承和发展的基础。

第二节 古代诗歌

诗歌是中国古代文学中最为耀眼的明珠，从《诗经》算起有约 3000 年的历史，与中国人的日常生活、情感世界紧密相连。中国历朝历代都涌现出了许多优秀的诗人与动人的作品。

西周建立以后，制定了各种典章制度，也称"礼乐制度"。在此之后，周朝统治者曾派人到各地搜集歌谣，最终到公元前 6 世纪左右编辑成书。该书收录了自西周初年（前 11 世纪）至春秋中期（前 6 世纪）大约 500 年间的诗歌 305 篇，所以又被称为《诗三百》，后人称之为《诗经》，是中国现实主义诗歌的源头。中国浪漫主义诗歌的源头是"楚辞"。"楚辞"是在战国后期楚国民歌的基础上发展起来的，是一种带有浓厚地方色彩的新诗体。它的奠基人和代表作家是著名的爱国诗人屈原。

汉代诗歌，有直接从《诗经》而来的四言体，有运用"楚辞"形式写成的"楚歌"体。汉代诗歌的新成就集中体现在汉乐府和汉末文人诗《古诗十九首》中。汉乐府的产生与汉代音乐机构乐府关系密切。史载秦汉立

《监本诗经》书影

南宋　马和之绘《诗经·小雅·鹿鸣之什图》（局部）

元　张渥绘《屈原〈九歌〉之湘君》（局部）

乐府，但乐府的真正繁荣自汉武帝始。它的职责是采集民歌加以整理，配乐演唱。后来人们就把乐府所采集和演唱的民歌叫做"乐府诗""乐府歌辞"。汉乐府继承《诗经》反映现实的优秀传统，抒写了下层劳动人民的生活与情感。汉末，中下层无名文人创作的五言诗自晋代以后被称为"古诗"，其中有十九首被南朝时的萧统编入《昭明文选》，代表了当时五言诗创作的最高成就。

　　建安时期是文学的自觉时代，也是文人五言诗创作的繁荣时期。创作成就最高的是"三曹"（曹操、曹丕、曹植）以及"建安七子"（孔融、王粲、刘桢等）。他们学习了乐府民歌，结合亲身的感受创作了反映国家与人民苦难的诗歌，具有强烈的现实性。建安文学之后是正始文学，代表作家是阮籍、嵇康。西晋时期，诗歌和现实的关系渐渐疏远，陆机、潘岳等人追求诗歌形式的创新。东晋、刘宋两代，代表作家是陶渊明、谢灵运。陶渊明开创了中国的田园诗，他的《归园田居》《桃花源诗》等在中国家喻户晓，影响深远。他的作品中随处可见的是他对污浊现实的厌烦和

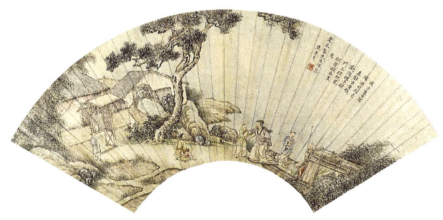

清　焦秉贞绘《陶渊明归去来辞图》

对恬静的田园生活的热爱，充分表现了诗人对理想世界的追求和向往。谢灵运的山水诗观察细致，感受敏锐，往往能真切地描绘出山水之美，诗中叙事、写景、说理结合，诗风清新自然。

南朝后期，社会风气绮靡，诗歌大多内容空虚，萧纲等人写作的"宫体诗"以女性为主要描写对象，风格浮艳。庾信原本深受"宫体诗"影响，但出使北朝后融合南北诗风之长，成为南北朝诗歌艺术的集大成者。庾信后期诗以《拟咏怀》二十七首为代表，深切地表现了故国之思。他的诗语言新颖，为唐诗之先声。

南北朝诗歌创作的又一大成就是民歌的新发展。南方民歌几乎全是关于男女爱情的，代表作有《西洲曲》《子夜歌》等。这些作品多为五言四句，情调哀怨缠绵，艳丽柔弱，且喜用双关谐音，语言活泼。北朝民歌题材广泛，感情直率，语言朴实。其中《木兰辞》叙事与抒情相渗透，细腻与粗犷相融合，代表了北朝民歌的最高成就。

唐诗宋词

唐、宋两朝，是中国诗歌史上的黄金时期。唐诗、宋词是中国诗歌全盛时期的代表。清康熙时期编纂的《全唐诗》，共收录了 2200 余位唐朝诗人近 49,000 首作品。

盛唐时期，最著名的诗人是李白和杜甫，后人将他们合称为"李杜"。李白被称为"诗仙"，他的诗歌豪迈奔放，想象奇特，可以强烈感受到自由超脱的精神。李白的诗影响深远，保存到现在的有 990 多首，其中《将进酒》《蜀道难》《望庐山瀑布》等名诗，世代被人们传颂。今天，几乎每个中国孩子都学过李白的《静夜思》。

Jìng Yè Sī
静 夜 思（李白）　**Quiet Night Thoughts**

chuáng qián míng yuè guāng
1. 床　前　明　月　光　Moon light before my bed

yí　shì　dì　shàng shuāng
2. 疑　是　地　上　霜　Thought was frost on ground

jǔ　tóu　wàng　míng　yuè
3. 举　头　望　明　月　Raising head I look at moon

dī　tóu　sī　gù　xiāng
4. 低　头　思　故　乡　Lowering head I think of home

　　在这首诗中，押韵的形式可以概括为
AAxA，"A"代表押韵的字，"x"代表一个诗
节中不押韵的字。第1行、第2行、第4行最后
的音节都是"āng"，是押韵的。约1300年前押
韵的地方现在读来依然押韵。不过有的诗当时押
韵的今天用普通话读来不再押韵，而用汉语其他
方言读出来还会押韵。这首诗中，明亮的月光照
在床前，好像地上出现一层白霜。而诗人抬起头
来看到的是窗外的明月，低头想起的是远方的家
乡，对故乡的思念深深种植在每个人的心间。

清　苏六朋绘《太白醉酒图》
（局部）

　　杜甫被后人尊为"诗圣"。他将个人命运与
国家动乱、人民苦难结合在一起，写出了很多反
映人民疾苦的诗歌，这些诗歌是变乱时代的伟大

杜甫

"诗史"。杜甫的诗保留到今天的有 1400 多首，其中著名的有《春望》《兵车行》以及"三吏"（《石壕吏》《新安吏》《潼关吏》）、"三别"（《无家别》《新婚别》《垂老别》）、《茅屋为秋风所破歌》《登高》等。他的诗歌风格主要是"沉郁顿挫"。杜甫最有名的是七言律诗的创作，《登高》被称作是"古今七律之首"。这首诗对仗非常工整，我们可以选出其中的三、四两句来看。上下两句平仄相反（初学者可以将平声字当成 1 声、2 声，仄声字就是 3 声、4 声），节奏都是 2—2—3，词性都是形容词+名词+副词+动词，所描写的场景也有一定关联，也是这首七言律诗的精髓所在，体现了杜甫诗歌创作的水平。

Dēng Gāo

登 高 （杜甫）   **On the Height**

wú	biān	luò	mù	xiāo	xiāo	xià

3. 　无　边　落　木　萧　萧　下　　The boundless forest sheds its leaves
　　平　平　仄　仄　平　平　仄　　　　　　shower by shower

bù	jìn	cháng	jiāng	gǔn	gǔn	lái

4. 　不　尽　长　江　滚　滚　来　　The endless Yangtze river rolls its
　　仄　仄　平　平　仄　仄　平　　　　　　waves hour after hour

杜甫草堂

宋代诗坛最值得注意的新现象是词的发展和兴盛。词，原名曲子词，就是"歌词"的意思。词起源于隋，配供宴会演奏的音乐演唱。词在体制上和诗有很大的区别。首先，词有词调，同一词调又有不同的格律，形成数体。其次，由于乐调繁简不同，而形成长短不同的篇幅，一般分为小令、中调和长调三种。

苏轼是宋代最为著名的词人之一，他将怀古、记游、悼亡、说理等诗中常见的题材引入词中，气象阔大，豪放飘逸。他还"以诗为词"，冲破了词的音律束缚，对词体发展产生了广泛深远的影响。以下这首《水调歌头》是苏轼最有名的词作之一。正处于中秋之时，苏轼已有七年没

苏轼

见家人，面对圆月，他想到的是家人无法团圆。于是他自我安慰：离别本来就是人生寻常之事，此刻只愿家人安康，等到相见之日同赏明月，共享欢乐。

Shuǐ Diào Gē Tóu

水 调 歌 头 （苏轼）

Prelude to Water Melody

1.
míng yuè jǐ shí yǒu
明 月 几 时 有

When will the moon be full and bright?

2.
bǎ jiǔ wèn qīng tiān
把 酒 问 青 天

Raising my wineglass, I ask the blue sky

3.
bù zhī tiān shàng gōng què
不 知 天 上 宫 阙

In the far-away heaven palace

4.
jīn xī shì hé nián
今 夕 是 何 年

I don't know what year it is tonight

5.
wǒ yù chéng fēng guī qù
我 欲 乘 风 归 去

I wish to return home with fair wind

6.
yòu kǒng qióng lóu yù yǔ
又 恐 琼 楼 玉 宇

So high in the marble towers and jade houses

7.
gāo chù bù shēng hán
高 处 不 胜 寒

For fear I cannot bear the freezing cold

8.
qǐ wǔ nòng qīng yǐng
起 舞 弄 清 影

I dance with my lonely shadow wild

9.
hé sì zài rén jiān
何 似 在 人 间

As if I were not in the human world

	中文	拼音	英文
1.	zhuǎn zhū gé 转 朱 阁		The moon rounds the red cabinet,
2.	dī qǐ hù 低 绮 户		Peeps through the silk-pad windows
3.	zhào wú mián 照 无 眠		And shines upon the sleepless man
4.	bù yīng yǒu hèn 不 应 有 恨		The moon should not suffer the hatred
5.	hé shì cháng xiàng bié shí yuán 何 事 长 向 别 时 圆		Why is it always full when people part?
6.	rén yǒu bēi huān lí hé 人 有 悲 欢 离 合		People may have sorrows or joys
7.	yuè yǒu yīn qíng yuán quē 月 有 阴 晴 圆 缺		And the moon may be dim or bright
8.	cǐ shì gǔ nán quán 此 事 古 难 全		This cannot be perfect since ancient time
9.	dàn yuàn rén cháng jiǔ 但 愿 人 长 久		I wish that we all would have a long life
10.	qiān lǐ gòng chán juān 千 里 共 婵 娟		Sharing the beautiful moon even miles apart

　　元代出现了元曲，包括杂剧和散曲两类。杂剧是盛行于元代的戏曲艺术，散曲则是一种新的诗歌形式。代表人物有关汉卿、马致远、白朴、郑光祖，称为"元曲四大家"。元曲在思想内容和艺术成就上都达到了很高

关汉卿戏剧创作700周年纪念邮票

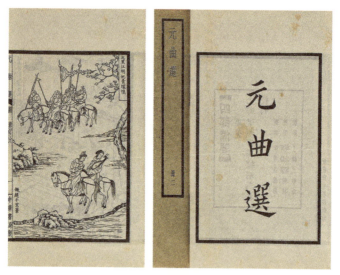

《元曲选》书影

的水平，因此，元曲也经常被与唐诗、宋词并提。

在几千年的历史进程中，中国古典诗歌不断发展、变化、革新，蕴含着中华民族的精神追求和审美情趣，至今仍以自身独特而持久的艺术魅力吸引着后人去品味。直至今日，仍有大量诗人从事古体诗歌创作，这足以证明了中国古典诗歌旺盛的生命力。

第三节 古代散文

散文的含义与范围始终在不断变化中。中国古代把与韵文、骈体文相对的，不押韵、不重排偶的散体文章称为"散文"，即除诗、词、曲、赋和小说之外，不论是文学作品还是非文学作品，都一概称之为"散文"。

先秦时期

先秦时期的散文主要可以分为叙事散文与说理散文（诸子散文）。叙事散文最早可以追溯到殷商甲骨卜辞。最早成篇的散文可以追溯到《尚书》。《尚书》是中国第一部上古历史文献和部分追述古代事迹著作的汇

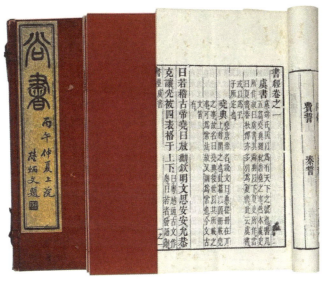

《尚书》书影

编，保存了商周特别是西周初期的一些重要史料，所记多为誓、命、训、诰一类的文辞。记言之外，还有记事的历史叙事散文。周代以来各诸侯国史官以朴素的语言、简洁的文字记录了列国的史实。如《春秋》是鲁国编年体史书，相传为孔子所作，记载公元前 722 年到公元前 481 年之间鲁国的史事。《左传》又名《春秋左氏传》或《左氏春秋》，相传为春秋末战国初鲁国史官左丘明所作，以史事补充了《春秋》的记载，更详细地记载了各国政治、军事、外交活动。其中对战争描写尤为出色，语言精练。《国语》是国别史，分别记载了周王朝及各诸侯国史事，记言多于记事，所记大多为当时较有远见的治国理政的经验。《战国策》作者不可考，现常见的版本为西汉时刘向编订，分国别记载了谋臣策士的活动及说辞。《战国策》文章的特点是长于说事，善用比喻，人物形象如苏秦、张仪等塑造得极为生动。

春秋战国时代，各种学术流派纷纷著书立说，争论不休。这些代表不同阶级或阶层的思想家的著作，促进了说理散文的发展。当时的思想流派有儒家、墨家、道家、法家等。记载他们言论、思想的书流传到现在的有《论语》《孟子》《墨子》《庄子》《韩非子》等。《论语》和《孟子》是儒家诠释"仁""义"的著作。《论语》是记录孔子及其弟子言行的，内容多半是简短的谈话和问答。《孟子》是记载孟子言论的，书中语言明快，长于论辩，富于鼓动性。《庄子》代表道家，具有奇幻的想象力和敏锐的观察力，善用民间寓言，长于譬喻，使文章富于文学趣味。《韩非子》代表法家，文章结构严谨，锋芒锐利，说理深刻，是封建社会法制理论的集大成之作。

两汉时期

两汉时期，散文继续发展，汉初政论文有贾谊的《过秦论》，总结了秦代灭亡的原因；晁错的《论贵粟疏》强调了粮食的重要性。汉代历史散文最重要的无疑是《史记》与《汉书》。

司马迁《史记》开创了中国史书"纪传体"体例，以本纪、表、书、世家、列传五体结构全

司马迁

明 张宏绘《史记君臣故事图》

书。"本纪"按年代顺序记叙帝王的言行政迹，"表"按年代列出各时期的重大事件，"书"记录了各种典章制度的沿革，"世家"载述诸侯国的兴衰和杰出人物的业绩，"列传"记载各种代表人物的活动。《史记》从传说中的黄帝一直写到汉武帝，是记载了近 3000 年历史的纪传体通史。纪传体为后世中国古代正史所采纳。《史记》继承了《春秋》以来史官"秉笔直书"的传统，在忠于历史真实的同时，生动地塑造了一系列风采各异的人物形象，而且叙事生动，语言优美，因此具有很高的文学价值。中国著名的思想家、文学家鲁迅先生称赞《史记》为"史家之绝唱，无韵之《离骚》"。

《史记》后，班固的《汉书》记叙了自西汉建国至王莽新朝灭亡的史事，开创了断代史的编纂体例，成为历代正史编纂的依据，在写人记事方面也具有很强的文学性。

唐宋时期

魏晋以来骈文盛行，骈文全篇以双句为主，注重对偶声律，多以四字、六字相间成句，故又称四六文。注重形式，但内容远离实际。中唐韩愈、柳宗元等反对浮华骈文，提倡先秦两汉散文，不讲对偶声律，力图摆脱陈言俗套，自由抒

韩愈　柳宗元

欧阳修　苏洵

苏轼　苏辙

曾巩　王安石

唐宋八大家

写，突出散文的抒情、叙事、议论、讽刺的艺术功能，即为"古文运动"。北宋时，欧阳修力倡古文，苏洵、苏轼、苏辙父子以及王安石、曾巩等人互相应和，古文日渐占领文坛。后人将他们与唐代韩愈、柳宗元合称为"唐宋八大家"。

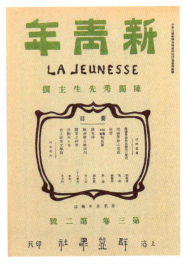

白话文运动的主要阵地之一：
《新青年》杂志

　　明清以后，八股文作为明清科举考试重要内容，不允许自由发挥。这束缚了散文的发展。因此，明中叶后，以李梦阳、何景明为首的"前七子"发起"复古运动"，倡导"文必秦汉"。其后以李攀龙、王世贞为代表的"后七子"继续倡导复古运动。万历年间，以袁宏道、袁中道为代表的公安派批评"前后七子"的复古，认为不同的时代有不同的文学，散文创作应冲破传统古文的束缚。同时，以钟惺、谭元春为代表的竟陵派主张独抒性灵，促使晚明出现大量小品文，如张岱的《西湖梦寻》等，直接启发了现代散文的创作。鸦片战争前后，龚自珍提倡散文积极介入社会，晚清康有为、梁启超主张变法维新，提出"文界革命"，创立了"新文体"，以通俗而富有煽动力的文字传播新思想，是"五四"时期白话文运动的先声。

　　中国古代散文内容包罗万象，形式上多种多

样，与政治、社会联系最为紧密，随社会生活和历史的发展变化，不断
演进。

第四节 古代小说

　　小说是一种以刻画人物为中心，通过完整的故事情节和具体的环境描
写来反映社会生活的文学体裁。小说有三个要素：人物、故事情节、环境
（自然环境和社会环境）。中国古代小说经过几千年曲折漫长的发展，才
逐渐有了后来辉煌的成就。小说起源很早，先秦时期的神话（如女娲造
人、精卫填海）以及寓言（如刻舟求剑）等都是小说发展的养分。史传文
学诸如《左传》《史记》等其中形象生动的人物塑造，尖锐激烈的戏剧性
冲突等也为小说提供丰富的素材与经验。

　　魏晋南北朝时期出现了志怪小说与志人小说，志怪小说以干宝《搜神
记》为代表，志人小说以刘义庆《世说新语》为代表。虽然二者都是以搜
集记录听到的故事为主，也为后代小说的发展提供了创作素材。唐人开始
有意识地创作小说，出现了唐传奇的繁荣。唐传奇都是文言短篇小说，代
表作有《霍小玉传》《李娃传》《莺莺传》等。到宋代，文言文小说与白
话小说各自发展。文言小说多注重历史题材，白话小说如"话本"，也就
是宋代表演艺术"说故事"的底本。白话小说通俗易懂，更容易得到读者
的认可。宋代著名话本主要有两类：短篇故事多保存在明人编写的《清平
山堂话本》《古今小说》中，篇幅较长的则以宋人的《新编五代史平话》

第四节 古代小说

清　孙温绘《红楼梦图》一帧（局部）

为代表。

　　中国古典小说在明清两代达到成熟阶段，出现了大批优秀的白话短篇小说集，沿着宋代话本发展而来的文人"拟话本"有冯梦龙的"三言"（《喻世明言》《醒世通言》《警世恒言》）、凌濛初的"二拍"（《初刻拍案惊奇》《二刻拍案惊奇》）等，将市井百态、人间情爱等当时流行的话题纳入到小说中，扩大了小说的题材范围。明清时期还涌现出大量长篇章回体小说，杰出的作品有世情小说《金瓶梅》，还有《三国演义》《水浒传》《西游记》《红楼梦》（被称为"四大文学名著"）。这些小说中的经典情节被搬上戏剧舞台，甚至被改编成连环画、动画片、电影、电视剧等，广为传播，受到中外观众的喜爱。

《金瓶梅》由书中三个女主人公潘金莲、李瓶儿、庞春梅的名字各取一字合成书名，以西门庆及其妻妾的家庭生活为小说的重心，体现了古典小说题材向家庭、世情、女性的转移。它与《水浒传》《三国演义》《西游记》合称"四大奇书"。

《三国演义》展示了东汉末年到西晋灭东吴100多年间的政治、军事斗争。作者罗贯中是元末明初人。他根据历史记载和民间流传的三国故事创作了这部小说。书中塑造了许多不同性格的人物，如神机妙算的诸葛亮、奸诈多疑的曹操、忠勇的关羽、鲁莽的张飞等，给人留下了深刻的印象。

明 陈洪绶版画《水浒叶子》
之鲁智深

《水浒传》根据民间流传的北宋末年宋江起义史事，描绘出了宋代下层社会英雄人物受到黑暗社会迫害后造反到失败的过程。作者施耐庵是元末明初人。书中成功地塑造了108位梁山好汉的英雄形象，歌颂了他们的斗争精神。其中"武松打虎""鲁智深倒拔垂杨柳"等故事，至今令人百读不厌。

《西游记》是一部著名的神魔题材的长篇小说。明代人吴承恩根据唐代高僧玄奘取经的故事和传说创作了这部小说。小说描写了孙悟空、猪八戒、沙和尚保护唐僧去西天取经的故事。故事的第一主人公就是孙悟空。小说前一部分讲孙悟空大闹天宫的故事,后一部分讲孙悟空保护唐僧的路上与各种妖魔鬼怪斗争的故事。孙悟空本是花果山的石猴,机智勇敢,本领高强,敢于反抗天神和妖魔,为理想而奋斗,充满了理想主义与英雄主义精神。孙悟空的对照则是猪八戒,他好吃懒做,对取经的目标总是想半途而废。师徒一路上降妖伏魔,经历了 81 难,终于取回了真经。《西游记》故事充满了奇特的幻想,语言诙谐幽默,对大人和孩子都非常有吸引力。

清 佚名绘《西游记》一帧

《红楼梦》是中国古典小说发展的巅峰。作者是清代文学家曹雪芹。这部小说以前所未有的深度和广度真实地反映了清代前期的社会面貌和人情,通过贵族青年贾宝玉和林黛玉的恋爱悲剧,揭示了一个封建贵族家庭由盛到衰的历史。曹雪芹通过人物的语言、行动以及人物心理的刻画,塑造了 400 多个栩栩如生的人物,如王熙凤、薛宝钗等。曹雪芹以深厚的学识将中国历史文化都容纳到小说中,经学、史学、诸子、诗词、戏文、绘画、书法、对联、酒令、佛教、道教、礼仪、服饰等无所不包。《红楼梦》是一部中国传统文化的百科全书。

明清时期文言短篇小说也有很高的成就。《聊斋志异》是一部中外闻名的文言短篇小说

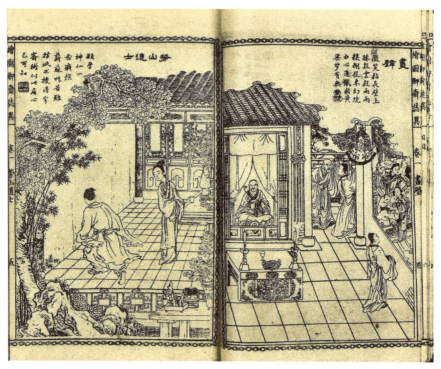

《绘图聊斋志异》书影

集。作者是清人蒲松龄。《聊斋志异》主要写鬼怪、花仙、狐仙等，表现
了青年男女追求婚恋自由的愿望，也揭露了封建制度的黑暗、不公，控诉
了贪官污吏的罪恶，寄托了作者的理想和希望。《聊斋志异》深受人们喜
爱，是中国文言短篇小说的高峰之作。

　　综上所述，中国古典小说的发展应以宋代为分水岭。宋以前，文言小说
缓慢发展；宋以后，文言、白话、短篇、长篇小说多线发展，至明清中国古
典小说发展至巅峰，使得中国古典小说在世界文化史上占据一席之地。

第四单元
艺术与文化

在中国艺术领域，书法艺术具有特殊的地位。在世界上，没有任何一种文字的书写能像汉字的书写一样，最终发展成为一种独特而完备的艺术形式，并且传承数千年，不断发展变化，不仅没有随着人们书写习惯、工具、方式和观念的改变而消减魅力，反而保持着强劲的发展势头，成为当代中国参与者最多、受众最广泛的艺术形式之一。中国书法艺术的形成、发展与汉字的产生与演进有着密不可分的关系，它是以汉字为基础，用毛笔书写的抽象符号艺术，反映了人作为主体的精神、气质、学识与修养，能够集中体现中国艺术的基本特征。

中国绘画史实际上主要指中国卷轴画的历史，而文人画又是组成卷轴画的主体，因此中国绘画史在很大程度上偏重于中国文人画的历史。中国画从技法上大体可以分为工笔和写意两种，文人画早在魏晋南北朝（220—589）时期就开始形成并与工匠画分道扬镳，而以写意为主。因此，中国传统文人画很少像西方绘画那样表现叙事主题，或者为某一宗教教义服务，相反，更多倾向于自由意志、人格象征和性情表现。这与中国文人的哲学观、人生观和生存状态密切相关。

第四单元 艺术与文化

中国传统建筑

　　与书画艺术相比，中国建筑艺术或许更能反映中华民族的哲学思想和思维方式，也更接近于社会生活。中国传统建筑以汉族建筑为主流，主要包括如城市、宫殿、坛庙、陵墓、寺观、佛塔、石窟、园林、衙署、民间公共建筑（如亭子）、景观楼阁、王府、民居、长城、桥梁等十五种类型，以及如牌坊、碑碣、华表等建筑小品。它们除了有前述基本共通的发展历程以外，又有时代、地域和类型风格的不同。长城是中国建筑的杰出代表，是人类最伟大的工程之一。它见证了中国漫长的历史，也记载着中华民族生生不息的生命力。北京紫禁城是自15世纪起近500年间中华帝国的最高权力中心，也是目前世界上保存最完好、体量最大的皇家宫殿建筑群落。中国人建造园林已有2000多年的历史，江南的私家园林独具魅力，代表了中国造园艺术的最高成就，反映了中国人传统的哲学思想、审美情趣和价值观念。

中国的工艺美术历史悠久，品种繁多，技艺高超。它蕴含着中国人民的智慧，融汇了中华民族特有的民族气质和文化素养，青铜器和瓷器的制作就体现了中国人在科学技术上的成果和对美的追求。中国青铜时代始于4000多年前，共持续了1500多年的时间。从夏、商直到春秋战国，中国创造了灿烂的青铜文明，目前出土的大量青铜器不仅有丰富的历史价值，还有极高的艺术价值。有人把瓷器誉为中国文化的"名片"。在世界上的很多语言中，"中国"与"瓷器"是同一个词，这说明了瓷器在中外文化交流史上的特殊地位。中国的陶瓷工艺源远流长，可以说，中华民族发展史中的一个重要组成部分是陶瓷发展史。

"民以食为天"是中国人对于饮食重要性的形象描述。中国历史悠久、地域辽阔，饮食习惯千差万别，全国各地都有自己独特的美食，但"色、香、味、形"似乎是所有中国人对于饮食的共同追求。

中国人对于生活质量的追求还体现在中国的传统医学中。中医经过几千年的发展，形成了一套独立的理论系统和诊治方法，如今中药、针灸、推拿、按摩、食疗等多种常用治疗手段，以及辨证论治、防病于未然等医学思想已得到世界各国人民的广泛认可和接受。2018年，世界卫生大会宣布2019年推出的第11版全球医学纲要将首次把中医纳入其中。

京剧舞台艺术在文学、表演、音乐、唱腔、锣鼓、化妆、脸谱等各个方面，通过无数艺人的长期舞台实践，形成了一套格律化和规范化的程式。不能驾驭这些程式，就无法胜任京剧舞台艺术的创造。

对传统节日的重视也是中国人民强烈民族认同感和归属感的突出体现，中华民族的传统节日涵盖了宗教、祭祀、天文、历法、神话传说等内容，蕴含着深邃丰富的文化内涵。

第一节 书法与中国画

书法

　　书法是中国最具特色的艺术形式，也是中国文化的重要组成部分。近 4000 年来，产生了无数杰出的书法家和珍贵的书法艺术作品。

　　甲骨文是目前发现的最早的成系统的汉字。尽管甲骨文是用刀刻的文字，但其笔画已经有了方、圆、粗、细的变化，其结构和章法布局为后世书法艺术的形成奠定了基础。

　　周代的金文是铸或刻在青铜礼器上的文字，比甲骨文更加端庄、圆润和凝重，其字体被称作"大篆"，以区别于后来的"小篆"。

　　小篆是秦始皇统一中国后命丞相李斯主持文字改革的产物。其字体统一，字形修长，线条均匀，婉转圆通，给人一种纯净简约的美感。

　　汉代，隶书成为汉字书写的主要字体。隶书字形扁方，笔画简洁，结构稳定，书写时线条和节奏变化明显，很多字中都出现了夸张的波磔一笔，使隶书既古朴含蓄，又神采飞扬。

　　魏晋时期，楷书、行书、草书逐渐成为主流书体。楷书字形方正整齐，笔画平直，结构更加规范。在隶书向楷书演变的过程中，钟繇起到了至关重要的作用。行书和草书将书写变得更加快

晋　王羲之《兰亭序》（冯承素摹本局部）

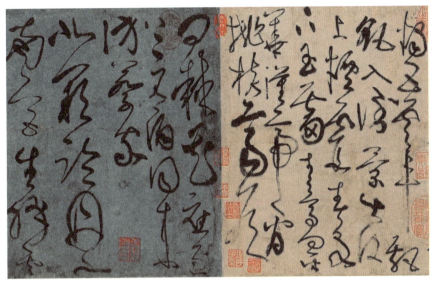

唐　张旭《古诗四首》（局部）

捷，节奏更加流畅，实用性较强，是人们平时喜欢的字体。王羲之的行书和草书潇洒飘逸，平淡冲和，他的书法代表作《兰亭序》被誉为"天下第一行书"。这一时期在北方流行的楷书被称作"魏碑体"，风格雄健质朴。

唐代是中国书法艺术的鼎盛时期，以楷书和草书取得的成就最高，对后世影响也最大。唐代楷书最大的特点是法度森严，一点一画都有严格的规范。唐代以楷书著称的书法家很多，如欧阳询、颜真卿、柳公权等，他们各有自己鲜明的艺术风格。以张旭和怀素为代表的唐代草书将中国书法的抒情性和表现力带入最高境界，他们的草书变化多端、飞舞灵动、放浪不羁，被形象地称作"狂草"。

宋代书法更能体现知识分子的审美情趣和个性追求，书法家极力摆脱唐代以来形成的格套，追求畅神适意。最著名的代表人物是苏轼、黄庭坚、米芾、蔡襄等，他们同时也是伟大的文学家和著名学者。

元、明、清三代书法均得到了不同程度的发展与创新，涌现出赵孟頫、文徵明、刘墉、翁方纲等对后世颇有影响的大书法家。

中国书法并不是一般意义上的书写方法或规则，这与西方的书写学是完全不同的两个概念。以汉字为载体的中国书法艺术要求在精确熟练的书写技巧基础上，既追求形体美妙，又融入创作者的审美情趣、个人修为，乃至全部人格。

中国书法能成为独立的艺术门类，主要得益于两方面的因素：一个是汉字，它具有象形性、象征性和表意性的特征，为书法家创作审美意象提供条件；另一个是毛笔，它能将汉字的线条表现得细腻而富于变化。笔画线条的质量（笔法）、每个字结构的美感（结字）和通篇作品的布局（章法）是练习书法和创作作品时要注意的基本要素。此外，个人的修养和学识也在很大程度上决定了一个人的书法水平。

中国画

书法和中国画是最受中国人青睐的传统艺术门类，它们之间有很多共同点：首先，汉字是从原始图画逐渐演变而来的象形文字，因此分别以图画和文字为基础而产生的中国画与书法艺术也必然有相同的起源，这就是所谓的书画同源；第二，它们的主要创作工具都是毛笔，而且在用笔的方法上一脉相承，甚至可以说画家是在用书法的线条画画；第三，它们有同样的审美标准和艺术追求，它们不但是古代知识分子应掌握的技能，更反映了创作者的精神世界与人生理想。此外，中国画上往往以书法形式题写诗歌，使诗、书、画融合为一个艺术整体。

传统的中国画一般指用毛笔、水、墨和传统颜料画在宣纸或绢帛上的画，其主要题材为人物、山水、花鸟等。工笔和写意是中国画中最常见的两类技法。

在纸张发明之前，绢帛是主要的绘画载体，战国时期的《人物龙凤图》是中国目前发现的最古老的帛画之一。魏晋南北朝时期，画家这一身份进入了历史典籍，标志着中国画进入成熟期。东晋顾恺之是这一时期最具影响力的画家之一。

隋唐两代在中国绘画史上占有重要地位。人物画在隋唐时发展得最为成熟，宗教和宫廷生活是人物画的两

战国 《人物龙凤图》

大主题。有"画圣"之称的吴道子丰富了线条的表现力，他的《八十七神仙卷》代表了宗教美术民族化的辉煌成就。张萱的《虢国夫人游春图》和周昉的《簪花仕女图》都是贵族女性生活题材的传世之作。大诗人王维在山水画中融入静谧淡泊的诗歌意境，开创了文人画的先河。唐代花鸟画走向成熟，出现了以画动物和植物著称的画家。总之，唐代绘画题材广泛，气势宏伟，成就辉煌，对后世绘画产生了巨大影响。

宋朝是中国绘画的黄金时代。北宋之初建立宫廷画院，汇集了全国最优秀的画家，宋徽宗将绘画正式纳入科举考试。宋代宫廷画以写实为最高审美标准，画家对于细节的重视使绘画不仅具有极高的审美价值，还拥有珍贵的历史价值。如张择端的《清明上河图》就生动记录了北宋都城汴京

（今河南开封）的城市面貌和社会生活。与宫廷绘画不同，宋代文人画追求"神似"，以苏轼为代表的士大夫画家不拘泥于表面形象，而是强调抒发心中的情感，确定了中国画崇尚平淡冲和的审美方式。

元代统治者实行民族歧视政策，致使一部分汉族士大夫只能寄情于文艺创作，他们的绘画呈现消极避世的思想，重视主观意趣和笔墨风格的表现，把文人画推向新的高度。提倡回归唐宋绘画传统的赵孟頫是元代前期最重要的画家，元代后期最有影响的画家是黄公望、倪瓒、王蒙、吴镇等"元四家"。

自明代始，文人画的美学趣味和艺术价值得到了皇帝的认可，因此宫廷画和文人画的界限不再分明。明代是中国画风格多样化发展的一个重要阶段，出现了一些以地区为中心的绘画流派，如以戴进为首的"浙派"和以沈周、唐寅等为代表的"吴门画派"等。

宋　张择端绘《清明上河图》（局部）

元 黄公望绘《富春山居图》（局部）

　　清代绘画风格流派纷繁，呈现多元化的发展趋势。宫廷绘画呈现出新的风貌，意大利传教士郎世宁作为宫廷画师，将西方绘画技法引入中国画，丰富了中国传统艺术。以"扬州八怪"为代表的文人画家摆脱传统的束缚，追求个人主义风格，开始向职业画家方向发展。

　　现当代中国绘画受到西方绘画的影响，在继承与创新上进行了很多尝试和探索，齐白石是近现代中国画最具代表性的画家之一。

第二节 建筑与园林

长城

　　长城是世界上修建时间最长、工程量最大的古代防御工程。长城的历史可追溯到西周时期，春秋战国时期各国之间战争频发，长城的修筑也进入了第一个高潮。秦始皇统一中国后，为了防御北方匈奴的入侵，连接并修缮了各国的长城，这才有了"万里长城"的说法。明朝是最后一个大修长城的朝代，今天人们所看到的长城大多是此时修筑的，例如著名旅游景点八达岭长城。

长城主要分布在中国北方的 15 个省区市，其中河北与陕西两省境内的长城长度居于前两位。根据文物和测绘部门的全国长城资源调查结果，长城总长超过 2.1 万千米。形象地说，如果在地球的南极和北极之间砌一道墙，那么长城比这道墙还要长一点。

长城不只是一道单独的城墙，而是由城墙、关城、墩堡、烽火台等多种防御工事组成的一个完整的军事防御工程体系。它建于高山峻岭或平原之上，根据地形和防御功能的需要而修建，或高大坚固，或低矮狭窄，墙上城道一般可以保证两辆马车并行。长城上设有大量烽火台，这是最古老

长城

但却行之有效的情报传递系统。遇有敌情时，白天燃烟，夜间放火，一个烽火台接着一个烽火台传递讯息，使军情可以迅速传到千里之外。关城是长城防线上最为集中的防御据点，它们数量众多，规模有大有小，都设置在有利于防守的地理位置，从而可以用极少的兵力抵御众多的敌军。无论是在秦汉时期，还是在明朝初期，中国都是在军事上取得绝对优势时修建长城的，这说明修长城既是一种积极防御，又是积蓄力量、继续进取的谋略。

长城以其雄伟的气势和博大精深的文化内涵，吸引着历代的文人墨客以它为题材创作了大量的文学艺术作品。例如历代诗歌中都有不少以长城为题材的名作，与长城有关的民间传说和民歌更是广为流传，例如"孟姜女哭长城"的故事被誉为中国古代四大民间爱情故事之一。

万里长城是中华民族的智慧结晶和文化丰碑，象征着中国的民族精神。作为世界七大奇迹之一，长城对于世界了解中国和中国走向世界都有不可替代的作用。

故宫

北京故宫是中国明清两代的皇家宫殿，旧称紫禁城，始建于 1406 年，至 1420 年建成，位于北京中轴线的中心，是中国古代宫廷建筑的杰出代表，与法国凡尔赛宫、英国白金汉宫、美国白宫、俄罗斯克里姆林宫合称为"世界五大宫殿"。

故宫是世界上现存规模最大、保存最完整的木质结构古建筑群，展开式的群体组合建筑构成了故宫建筑的空间特色。故宫总体分为"外朝"和"内廷"两部分。外朝以太和殿、中和殿、保和殿为中心，为故宫中最壮观的建筑群，是皇帝上朝接见群臣和举行大型典礼的地方。内廷以乾清宫、交泰殿、坤宁宫和御花园为中心，是皇帝与皇室居住的地方。

　　故宫南北长 961 米，东西宽 753 米，占地 72 万多平方米，现存房屋 8700 余间。四周环绕高约 10 米的城墙和宽 52 米的护城河，城墙四周各设一座城门。整个建筑空间变化丰富，外观雄伟，主从分明，显示出庄严肃穆的宏大气势。

　　均衡和对称是故宫整体建筑给人以庄重感的主要原因，而建筑物各部分之间比例关系的巧妙处理，则给观赏者带来和谐优美的感受。例如城墙上的四座角楼，其屋顶结构复杂，比例谐调，造型玲珑奇巧，成为北京故宫的象征。

　　故宫建筑中色彩的运用具有鲜明的审美特征和象征意义。故宫主要建筑的屋顶都覆盖着黄色的琉璃瓦，而柱子与门窗是朱红色的，屋檐下的彩

故宫

故宫三大殿

绘装饰则是以绿色为基调，重要的宫殿都座落在白色大理石的台基上，这些色彩的组合与相互映衬，使建筑物各部分轮廓更加鲜明，强烈的色彩效果给人一种富丽堂皇而又庄严神圣的感觉。在中国传统文化中，黄色被认为是居于中心位置的正统颜色，地位高于其他颜色，成为至高无上的皇权象征，屋顶琉璃瓦的颜色选择了黄色。

故宫建筑还十分重视装饰，以宫殿的屋顶为例，不但有翘角飞檐，还有檐脊上按严格顺序排列的神兽，这些神兽各有其名及象征含义，其数量多寡体现了建筑等级的高低。和其他中国古代宫殿建筑一样，故宫是中国长期宗法社会的产物，集中体现了皇权至上的思想和严密的社会等级制度。

故宫既是中华民族的骄傲，也是全人类的珍贵文化遗产，作为明清两代的皇宫，是中国古代城市建设和宫殿营造思想的集中体现，也是明清历史上许多重大宫廷事件的源发地。

苏州园林

中国人有 2000 多年建造园林的历史，苏州园林是中国私家园林最杰出的代表。

苏州位于长江三角洲中部，是中国历史文化名城，有"人间天堂"的美誉。苏州最早的私家园林出现在东晋时期。明清时期，苏州造园活动达到高潮。今保存完好的苏州园林有始建于宋代的沧浪亭、网师园，元代的狮子林，明代的拙政园和清代的留园等。

苏州园林一般占地面积不大，但能巧妙地组织空间，利用分隔空间、遮挡视线、制造错觉等方式创造出独特的美学效果。

在园林入口处往往会有一座影壁或假山，遮住游览者的视线，使其不能看到园林的全貌，只有绕过障碍物进入园中，才能有广阔的视野，但无论在园中的哪个位置，都无法将园中景色尽收眼底，只有不停地变换地点，才能发现园中更多的美，这样的变化使园林的景色变得含蓄而神秘。

对空间的分隔也是园林设计师惯用的手法。例如留园中的石林小院，在这个长 29 米、宽 17 米的院落中，竟然有 38 个形状各异、大小不同的天井与小院落，像万花筒一样，随着观赏角度的变化，使人产生各种不同的视觉感受，实现了动态透视效果。

窗子在苏州园林中起到重要的作用。园中的窗子往往被设计成中空的画框，这样，窗外的风景就被引入室内，而且同一个窗子从不同的角度看去，景色也不相同。园中风景通过窗子在不同的空间内相互渗透，使整个园林的景色流动而多变，丰富了游览者对于空间美的感受。

亭子也是苏州园林中的重要成分，它的作用就是把游览者的目光从小空间引向大空间。沧浪亭是一个以亭子著称的园林，游览者从高处的亭子里可以眺望远近风景，与自然融为一体，获得内心的宁静。

　　假山是苏州园林中不可或缺的元素。苏州园林中的假山往往是用太湖石叠搭而成，这种石料是石灰岩受到长时间侵蚀后慢慢形成的，有天然的雕塑美，以"瘦、漏、透、皱"的审美特征而著称。

　　苏州园林素有"文人园林"之称，古代具有很高文化艺术修养的园林设计师们将城市中的这些私家园林创造为"无声的诗，立体的画"，表达了人类追求与自然和谐相处，美化和完善自身居住环境的心愿。

第三节 青铜器与瓷器

青铜器

　　早在公元前 21—前 17 世纪的夏代，中国就有了铸造复杂青铜器的技术。传说大约在公元前 2200 或前 2100 年，夏代的君王禹成功地治理了水患，为人民带来了繁荣昌盛的新纪元。这位君王将他统治的中国疆域划分为九州，并铸造了九件巨大的三足青铜炊具——鼎，于是这种烹煮食物的炊具变成了象征权力与财富的礼器。鼎的大小和轻重标志着权力的大小，使用鼎的数量则反映使用者身份和地位的高低。

　　从商晚期到西周早期，是青铜器发展的鼎盛时期，其使用更为普遍，功能也更加丰富，青铜器被用作食器、酒器、水器、乐器、兵器、车马器和礼器等，每一种器物都有一定的形制和尺寸，形成了完备的造型系统。这时的青铜器上布满了饕餮纹、夔纹或人形与兽面结合的纹饰，以及各种装饰图案，形成了瑰丽、独特而又神秘的青铜器装饰纹样系统。此外，商周至战国时期青铜器上的铭文成为了中国古汉字中一种重要的书体——金文，具有重要的史料价值。

西周　大盂鼎铭文及其拓片

在种类众多的青铜器物中，礼器往往是铸造工艺水平最高、最具文化价值的一类。青铜礼器是古代君王和贵族用于祭祀、宴飨、朝聘、征伐及丧葬等礼仪活动的用器。其中体型较大，器身上铭文较多，用来颂扬统治者功德或记载某件大事的青铜器，都被视为立国传家的宝物，称作"国之重器"。我们熟悉的传世青铜器代表作品有后母戊鼎、四羊方尊、莲鹤方壶、毛公鼎等。

商　青铜圆鼎

就青铜器制作工艺而言，中国古人很早就掌握了用红铜与锡、铅等化学元素制造青铜这种合金的技术。范铸法和失蜡法是古代制作青铜器的两种主要工艺，其中范铸法较早，应用也最普遍，而失蜡法是一种更为精密的铸造工艺，可能是在春秋时代晚期开始使用的，用这种工艺可以制作出玲珑剔透、有镂空效果的器物。

商晚期至西周　凤鸟纹兕觥

从战国末年至东汉末年，随着铁器和陶瓷器的较大发展，青铜器逐渐退出历史舞台，隋唐以后人们生活中常见的青铜器恐怕只剩铜镜了。

虽然中国并不是世界上最早掌握青铜铸造技术的民族，但就青铜器的使用规模、铸造工艺、造型艺术及品种类型而言，世界上没有任何一个地方可以与中国相比，这也是中国古代青铜器在人类文明史上占有独特地位并引起普遍重视的原因。

战国　曾侯乙青铜尊盘

瓷器

瓷器是中国古代的伟大发明之一。中国是瓷器的故乡。一般认为，必须具备以下三个条件才能称之为瓷器：

第一，瓷器的胎料必须是瓷土，其主要成分是高岭土，并含有长石、石英等矿物；

第二，瓷器的胎体必须经过 1200—1300℃的高温焙烧；

第三，瓷器表面所施的釉，必须是在高温之下和瓷器一起烧制而成。

瓷器源于陶器，早在新石器时代，中国人的祖先就已经开始制造和使用陶器了。瓷器是在陶器制作技术不断发展和完善的基础上产生的，商代的白陶就已具备了瓷器的一些性质，被称为原始瓷。瓷器在东汉至魏晋时期逐渐趋于成熟，最早是在上虞窑（在今浙江上虞）烧成的。从目前出土的文物来看，这时期的瓷器多为青瓷，这种瓷器加工精细，质地坚硬，不吸水，表面有一层像玻璃一样的青色釉。制瓷技术在唐代进入成熟阶段，青瓷和白瓷是最主要的品种，南方的越窑和北方的邢窑、钧窑、耀州窑分别代表着当时青瓷和白瓷制作的最高工艺水平。

宋代是中国瓷器的鼎盛时期，出现了汝、官、哥、钧、定五大名窑，其产品都有自己独特的风格。宋代出现了多种单色釉瓷，突破了"南青北白"的局面，器形多样，风格典雅含蓄，釉色纯净，图案清秀，纹样追求完整、意境和气韵，体现了儒家文化所提倡的简洁素雅之美。宋代瓷器在制作过程上有了明确的分工，标志着我国瓷器发展进入了一个新的阶段。元代瓷器的新品种青花瓷受到国内外人们的喜爱。

从明代开始，江西景德镇成为全国制瓷业的中心，制瓷工艺得到了全面的发展。明代瓷器的釉色及上釉方法不断有着新的创造和发展，例如成化年间烧制的斗彩，是先用青花在白色瓷胎上勾勒出所绘图案的轮廓线，

第三节 青铜器与瓷器

北宋 汝窑青瓷无纹水仙盆

元 青花鬼谷子下山大罐

明万历 五彩百鹿尊

清 《陶冶图卷》（局部）

上釉高温烧成后，再在釉上按图案的不同部位填入各种色彩，最后再次送入炉中低温烧制，使釉下彩与釉上彩交相呼应，产生一种沉稳而又绚丽的装饰效果。嘉靖、万历年间烧制的五彩也是著名的珍品。此外，在元代已趋于成熟的青花瓷经过明代的改进和创新，逐渐成为瓷器中的主流品种。

清代瓷器的烧造水平又有了很大提高，特别是由于康熙、雍正、乾隆三位皇帝的爱好与提倡，制瓷的成就到达了辉煌的巅峰。丰富多彩的釉上彩瓷器争奇斗艳，民间五彩、珐琅彩、粉彩、斗彩以及象生瓷雕等众多新工艺和新品种的诞生为中国瓷器的发展拓宽了道路。

自唐代以来，中国的瓷器远销世界各地，制瓷技术也传到各个国家。从 16 世纪到 18 世纪，中国销往欧洲的瓷器达 3 亿件，它们既是各民族人民友谊的纽带，也是文化交流的桥梁。

第四节 饮食文化、中医、京剧与传统节日

饮食文化

中国幅员辽阔，人们的饮食习惯会受到地理环境、气候、物产、习俗等因素的影响，从而产生地域性的差异和偏好，人们常说的"南甜北咸"就是中国南北饮食差异的体现。其实早在唐宋时期，南方和北方就各自形成了相对独立的饮食体系。发展到清代初期，鲁菜、苏菜、粤菜、川菜成为当时最有影响的地方菜，称为"四大菜系"。在此基础上，到清末时又发展为一直延续至今的"八大菜系"，即鲁菜、川菜、粤菜、闽菜、苏菜、浙菜、湘菜、徽菜。

以热食、熟食为主是中国人饮食习惯的一个重要特点。这和中国文明开化较早而烹调技术发达有关。中国人的饮食历来以食谱广泛、烹调技术精致而闻名于世，现在遍及全球的中餐馆是中国饮食深受世界人民喜爱的佐证。

烤鸭的片法十分考究

聚食制是中国人主要的饮食方式。这种方式历史非常悠久，是中国重视血缘亲属关系和家族家庭观念在饮食方式上的反映。

中国人最重要的餐具是筷子。中国使用筷子的传统至少可以追溯到殷商时代。韩国、日本等亚洲国家使用筷子的传统都源自中国。

南宋　刘松年绘《撵茶图》（局部）

　　茶作为中国饮食文化的一项重要内容，对世界各国的影响最大。世界很多语言中的"茶"这个词的发音都是从汉语演变而来的。

中医

　　中医一般指中国汉族人民创造的传统医学。

　　中医诞生于原始社会，春秋战国时期中医理论已基本形成。秦汉时期，现存最早的中医典籍《黄帝内经》问世，全面系统阐述了人体的解剖、生理、病理以及疾病治疗的原则与方法，确立了中医学的思维模式，形成了中医药理论体系框架。东汉时期的张仲景撰写《伤寒杂病论》，确立了辨证论治的理论和方法体系，被誉为中国"医圣"。东汉末年，"外科鼻祖"华佗创制了麻醉剂"麻沸散"，开创了麻醉药物用于外科手术的先河，比西医的麻醉药早出现了 1600 多年。唐代名医孙思邈重视民间的医疗经验，不断收集积累，终于完成了医学巨著《千金方》，这是中国历史上第一部临床医学百科全书。宋代是中医药发展的鼎盛时期，政府对中医教育比较重视，太医局作为国家最高医学教育机构专门培养高级中医人才。明清时期，中医药也得到了较快发展，名医李时珍写成《本草纲目》，总结了 16 世纪以前的药物经验，收载药物 1892 种，药方 1 万多个，对中国和世界药物学的发展做出了杰出的贡献。

中医有自己独立的理论体系和诊治方式。中医重视自然和社会环境对健康与疾病的影响，重视生理与心理在健康与疾病中的相互影响，强调人与自然、人与社会，以及各脏腑功能的和谐对健康的重要作用。

中医强调以人为本，主张根据病人的个体差异和其他一些客观因素制定相应的诊疗方案，也

半夏

白术

紫苏

黄芩

就是说中医诊疗着眼于生病的个体，而不只是人身上具体的病症。

中医关注疾病的全过程，主张以预防为主，提倡养生，强调生活方式和健康有着密切的关系。

京剧

京剧是中国影响最大的戏曲剧种，素有"国剧"之称，它形成于北京，距今已有 200 多年的历史。然而京剧的发源地却不是北京，它的前身是徽剧和汉调。1790 年，来自安徽的三庆班剧团进京参加乾隆皇帝 80 岁寿辰的庆祝演出，从那以后，安徽著名剧团陆续进京。他们与来自湖北的汉调艺人合作，同时又吸收了一些古老剧种的精华，经过几十年的演变，最终形成了京剧。从清朝末年到民国时期是京剧的成熟与鼎盛时期。

京剧演员最基本的表演手段可以概括为"唱、念、做、打"。"唱"指歌唱，也就是唱腔艺术，"念"指具有音乐性的独白或对话，"做"指舞蹈化的形体表演，"打"指舞蹈化的武打和杂技技巧。这四种元素共同

京剧行当（上海京剧院剧照）

构成了京剧高度综合的歌舞化表演形式。京剧演员要从小接受这四个方面的严格训练。

京剧舞台上的一切都具有高度的概括性和程式化。京剧的角色也不是按照生活中人物的本来面貌出现的，而是根据其性别、性格、年龄、职业以及社会地位等，通过不同的唱腔和表演，以及服饰、脸谱、化妆的帮助，形成四种人物类型及其相应的表演形式，这四种类型是"生"（男性角色）、"旦"（女性角色）、"净"（性格、品质或相貌上特点鲜明的男性角色，需要勾画脸谱）、"丑"（喜剧角色）。

京剧《霸王别姬》剧照（梅兰芳扮演虞姬）

懂行的观众欣赏京剧，往往不是关注剧情的发展和人物的命运，而是欣赏演员（特别是著名演员）的表演，演员的一句唱腔，一个特技，都可能博得观众的掌声与喝彩。

在京剧史上涌现出很多著名演员，梅兰芳就是最有代表性的一

梅兰芳与斯坦尼斯拉夫斯基

位。他是一位男性旦角演员，他的表演全面显示了中国古典美的理想境界。以梅兰芳名字命名的京剧表演体系被视为东方戏剧表演体系的代表，成为世界三大表演体系之一。

传统节日

中华民族的传统节日涵盖了宗教、祭祀、天文、历法、神话传说等内容，蕴含着深邃丰富的文化内涵。

中国主要的传统节日

节日名称	节日时间[①]	主要习俗和活动
春节	正月初一	春节，即农历新年的开始，是中国最隆重、最喜庆的传统节日。春节的庆典活动一般要延续到正月十五才结束。春节期间，全国各地举行各种活动，以欢庆新年的到来，祈求人寿年丰，家庭幸福。 春节期间的庆祝活动极为丰富，有放烟花、舞狮、舞龙、逛庙会、逛花街、赏花灯、锣鼓游行、踩高跷、跑旱船、扭秧歌等。节日食品丰富多样，各地不尽相同，其中具有代表性的有年糕、饺子、春卷、汤圆等。亲朋好友之间相互拜年问候也是春节期间的重要活动。
元宵节 （上元节）	正月十五	庆祝农历年中第一个月圆之夜。节日活动有吃元宵或汤圆、赏花灯、猜灯谜、放烟花等。
清明节	公历4月5日 前后	既是一个扫墓祭祖、纪念逝者的肃穆节日，又是人们在沉寂了一冬之后，走进大自然，郊游、踏青、野餐、享受春天乐趣的节日。
端午节	五月初五	本是中国东南沿海居民祭拜龙神的节日，后来人们亦将此节作为纪念投江自尽的爱国诗人屈原的节日。节日活动有吃粽子、赛龙舟、挂艾草与菖蒲、在手腕上拴五色线等。
七夕节	七月初七	源自古人对星宿的崇拜，后来被赋予了"牛郎织女"美丽爱情传说，使其成为了象征爱情的节日，从而被认为是中国最浪漫的传统节日，在当代则被视为"中国情人节"。
中元节	七月十五	它的产生可追溯到上古时代的祖灵崇拜以及相关时祭。节日习俗主要有祭祖、放河灯、祀亡魂、焚纸锭、祭祀土地等。
中秋节	八月十五	由上古时代秋夕祭月的习俗演变而来，古人以圆月来比喻家庭的团圆，以此寄托对亲人和故乡的思念，同时祈盼丰收和幸福的生活。节日活动有祭月、赏月、吃月饼、赏花灯、赏桂花、饮桂花酒等。
重阳节	九月初九	源自古人的秋季丰收祭祀活动。"九"在中国文化中为阳数，"九月九日"是两个阳数并列，所以称为"重阳"，是吉祥的日子。节日活动有登山、赏菊、头插茱萸、拜神祭祖、祈求长寿等。传承至今，重阳节已被视为"敬老节"，以倡导尊敬老人、扶助老人的社会风气。

___

① 除非特殊说明，否则此处指的都是农历。

节日名称	节日时间①	主要习俗和活动
腊八节	腊月初八	本为佛教节日，相传十二月初八这天是佛祖释迦牟尼成道之日。后经历代演变，逐渐成为民间节日。喝腊八粥是这一天最重要的活动。腊八粥是一种有多种谷物和豆类熬成的粥，传说喝了以后，就可以得到佛祖的保佑。
祭灶节（小年）	腊月二十三或二十四	灶神是中国民间宗教中掌管家庭生活的神，据说每年年底，灶神要去天庭向玉皇大帝禀告人间的是非善恶，作为对世人奖惩报应的依据。在祭灶节这一天，千家万户要在自己家举行仪式，恭送灶神上天。由于这一天已经临近春节，所以也被视为春节喜庆活动开始的日子。节日活动有放鞭炮、吃麻糖（麦芽糖）、祭灶神等。
除夕	腊月二十九或三十	除夕是农历一年中的最后一个夜晚，这一晚意味着新旧交替、除旧布新，身处异乡的人要在这一天回到家中，与家人团聚，共同迎来新的一年。节日活动有祭祀祖先、全家吃年夜饭、守岁、放烟花爆竹、贴春联和门神、剪贴窗花、挂灯笼、给压岁钱等。看电视春节联欢晚会成为近几十年形成的新民俗。